Sandeep Shrivastavaa

Garantia de qualidade no ensino médico através de um programa de avaliação académica

AF514424

Sandeep Shrivastavaa

Garantia de qualidade no ensino médico através de um programa de avaliação académica

Uma iniciativa de qualidade e inovação centrada no aluno

ScienciaScripts

Imprint
Any brand names and product names mentioned in this book are subject to trademark, brand or patent protection and are trademarks or registered trademarks of their respective holders. The use of brand names, product names, common names, trade names, product descriptions etc. even without a particular marking in this work is in no way to be construed to mean that such names may be regarded as unrestricted in respect of trademark and brand protection legislation and could thus be used by anyone.

Cover image: www.ingimage.com

This book is a translation from the original published under ISBN 978-3-659-85591-7.

Publisher:
Sciencia Scripts
is a trademark of
Dodo Books Indian Ocean Ltd. and OmniScriptum S.R.L publishing group

120 High Road, East Finchley, London, N2 9ED, United Kingdom
Str. Armeneasca 28/1, office 1, Chisinau MD-2012, Republic of Moldova, Europe
Managing Directors: Ieva Konstantinova, Victoria Ursu
info@omniscriptum.com

Printed at: see last page
ISBN: 978-620-8-52987-1

Copyright © Sandeep Shrivastavaa
Copyright © 2025 Dodo Books Indian Ocean Ltd. and OmniScriptum S.R.L publishing group

Índice:

Capítulo 1	7
Capítulo 2	9
Capítulo 3	17
Capítulo 4	35
Capítulo 5	36
Capítulo 6	72

Dedicado a

Os meus pais, Dr. P.R.Shrivastava e Urmila Shrivastava, por me terem inculcado que "NENHUM estudo é um desperdício desperdício" e a minha família Dr. Deepti, Priyal & Prakhar por fazer "AQUELE canto da Terra, sorrir mais brilhante para MIM".

Agradecimentos

Estou grato ao Exmo. Chanceler Dattaji Meghe; e à Direção :
Dr. Ved Prakash Mishra, Conselheiro Principal; Dr. Dilip Gode, Vice-Chanceler; Shri Sagar Meghe; e Administração: Dr.S.S.Patel , Dr.V.K.Deshpande, Dr.R.Borle; do Instituto de Ciências Médicas Datta Meghe (DU) , Índia , para permissões e implementação deste programa em todas as instituições da Universidade.
Agradeço as contribuições de todos os membros do corpo docente e dos estudantes da Faculdade de Medicina J.N. e do Instituto de Ciências Médicas Datta Meghe (DU), Sawangi, Wardha, Índia, pela sua participação empenhada no Programa de Avaliação Académica.
Os meus agradecimentos especiais ao Dr. N. Samal, ao Dr. Lalit Waghmare e ao Dr. Moin Mehmood por me terem ajudado durante todo o processo.
Ficarei eternamente grato às publicações Lambart, por toda a sua ajuda na realização desta publicação.
Por último, mas não menos importante, agradeço a um grande professor, o Dr. S.R.Joharapurkar, que, embora nunca me tenha ensinado formalmente, me inspirou o suficiente para me manter iluminado.
Dr. Sandeep Shrivastava.

Prefácio

A garantia de qualidade no sector da educação é uma grande preocupação. Verifica-se uma clara falta de ferramentas para uma implementação bem sucedida da Garantia da Qualidade, em particular, uma garantia orientada para o aluno. Estas iniciativas de qualidade são gravemente esquecidas nos cenários do ensino superior, sobretudo no ensino médico.

O Dr. Sandeep Shrivastava é uma personalidade eminente no domínio da ortopedia e da educação médica. Com uma experiência de mais de 25 anos e sendo Professor e Diretor de um prestigiado Instituto, este livro foi escrito por ele de forma muito adequada. Este foi também o seu trabalho de investigação de doutoramento (Ph.D.). Com as suas ideias criativas e capacidades inovadoras, conseguiu transformar desafios em oportunidades para o instituto em particular e para a região em geral.

O Programa de Avaliação Académica é uma ferramenta inovadora de Garantia da Qualidade, que foi implementada com sucesso na nossa universidade, com vista à gestão da Qualidade. Tem sido capaz de trazer à tona, de forma caraterística, as preocupações dos processos de ensino-aprendizagem, tal como são percebidas pelo aluno, no momento certo, prevenindo qualquer perda académica adicional dos alunos. Este programa serve como uma ferramenta credível para o "controlo de qualidade em processo", um aspeto importante da Gestão da Qualidade Total

Este livro constituiria um contributo extremamente útil para todos os pedagogos que pretendem saber de que forma as garantias de qualidade conduzidas pelos alunos podem ser colocadas ao lado dos processos de ensino-aprendizagem nos ambientes educativos.

Dr. Lalit Waghmare
NAAC - Assessor; Coordenador - Célula de Garantia de Qualidade Interna,
DEAN Ciências Interdisciplinares; Diretor de Inovações; Professor de Fisiologia.
Instituto de Ciências Médicas Datta Meghe, (DU) , Índia.

Prefácio

É essencial um processo de produção eficiente num ambiente educativo. O ensino-aprendizagem (T-L) é a chave do processo de produção. Para que o ambiente académico seja útil, é necessário garantir que este continua a ser relevante para o aluno. O processo de aprendizagem envolve etapas críticas, que devem ser salvaguardadas para garantir a produtividade académica, que podem ser os principais objectivos do processo de ensino e aprendizagem. Se esses objectivos forem aferidos, tornam-se normas, e a melhor parte interessada em salvaguardar essas normas é o aluno. Através de um controlo e de revisões regulares, as outras partes interessadas também podem garantir que o ambiente educativo seja preservado, mantido e melhorado. Trata-se de um ciclo de gestão da qualidade.

O processo de produção é basicamente conduzido pelo currículo e desenrola-se atempadamente através da implementação do programa de estudos e de um conjunto de processos T-L. Inclui 3 intervenientes principais - aprendente (aluno), professores e administradores/gestores educativos. A maior parte das vezes, deve desenrolar-se de uma forma pré-determinada. É suscetível de falhas, especialmente do ponto de vista do aprendente, apesar de ser protegido por outras partes interessadas. Estas ameaças estão presentes em todos os ambientes académicos, incluindo o ensino médico. É importante que isto não seja deixado a quaisquer presunções ou suposições. O ambiente de aprendizagem é demasiado precioso para ser perdido.

Infelizmente, a garantia de qualidade do processo T-L tem sido insuficiente, sobretudo nas instituições de ensino médico e, mais especificamente, na Índia. Sendo a Índia um dos maiores produtores de licenciados em medicina do mundo, é necessário resolver os problemas de qualidade, essencialmente, para que os licenciados possam ser considerados de marca. As acreditações são boas, mas não são suficientes para garantir que cada estudante é um produto de qualidade. São os mecanismos internos de garantia da qualidade que o assegurarão. Apesar de ser tão valioso, ainda não existem processos/programas de garantia da qualidade que assegurem que esse ambiente seja preservado, sustentado e melhorado, tal como é percepcionado pelo aluno.

Há uma forte necessidade de ter um programa que possa assegurar que o processo de aprendizagem decorreu bem, de forma padronizada, como planeado, com o envolvimento ativo de todos, garantindo que os objectivos de aprendizagem estabelecidos/estabelecidos estão a ser cumpridos de forma eficiente e eficaz. Um processo que possa monitorizar aberrações/desvios, que seja continuamente levado ao conhecimento de todas as partes interessadas e que seja objeto de medidas corretivas por parte de todos os interessados, através de uma plataforma uniforme, e que mantenha os elementos essenciais de aprendizagem relevantes para o aluno.

Se um tal processo de garantia da qualidade for desenvolvido e implementado, será muito interessante registar esse desenvolvimento e o seu impacto no ambiente de aprendizagem, especialmente se for capaz de preservar, sustentar e melhorar o ambiente de aprendizagem e o processo T-L, em particular. Assegurará igualmente que todos os estudantes avaliem as suas preocupações em matéria de qualidade da forma mais adequada e atempada possível. O Programa de Avaliação Académica (AcAP) é uma ferramenta inovadora para a garantia contínua da qualidade no ambiente educativo da licenciatura em medicina. É basicamente conduzido pelos estudantes, onde num determinado ponto de marcação (que é colocado ao longo do programa de estudos e currículos, como um ponto pré-identificado que é atingido após a conclusão de um determinado tema, tópico ou competência), todos os estudantes dão uma avaliação na escala de Likart 5.0 dos diferentes "objectivos-chave" pré-identificados (estes são um conjunto de objectivos pré-identificados relevantes para os resultados do processo de ensino-aprendizagem). Cada objetivo-chave é avaliado em 3,5/5,0, como padrão de qualidade a atingir. Se não o conseguirem atingir, trata-se de uma falha de qualidade e é iniciado um conjunto de acções sob a forma de reforços educativos, de modo a elevar ainda mais a qualidade desta parte do programa de estudos e evitar qualquer perda académica adicional. Do mesmo modo, se algum destes objectivos de aprendizagem se situar entre 3,5 e 3,8, trata-se de uma atividade de qualidade preservada; se se situar entre 3,81 e 4,0, trata-se de uma atividade de qualidade sustentada e se for superior a 4,0, trata-se de uma atividade de qualidade reforçada. Este programa é controlado por uma célula autónoma designada por Célula de Avaliação Académica. Todas as acções resultantes dessas revisões são tomadas pelas partes interessadas, incluindo os gestores de ensino, os administradores e o conselho académico, para serem tratadas de forma adequada, garantindo que qualquer perda académica seja compensada o mais rapidamente possível dentro de um prazo adequado.

Neste estudo, discute-se a implementação e o impacto desse PAA e estuda-se em pormenor a correlação entre esses objectivos-chave e os resultados (resultados sumativos e assiduidade) em cada disciplina.

O AcAP tem conseguido elevar os padrões do ensino médico pré-graduado e é um programa eficaz de garantia da qualidade centrado no estudante, que revela categoricamente as lacunas de qualidade, as preocupações e aponta as actividades de preservação, substância e melhoria da qualidade no instituto, tal como são vistas por eles. Assim, através deste programa, os estudantes são capazes de proteger zelosamente os seus ambientes educativos, como uma preocupação de qualidade.

Dr. Sandeep Shrivastava
Reitor, Faculdade de Medicina de J.N.
Professor - Ortopedia
Diretor de Honra, "Arogya Setu",: Centro de Excelência para Inovações em Cuidados de Saúde J.N. Medical College, Datta Meghe Institute Of Medical Sciences (DU), Índiadrsandeepshrivastava@hotmail.com

Capítulo 1

Introdução:

A gestão da qualidade nos estabelecimentos de ensino, tal como na maioria das outras indústrias, centra-se geralmente no controlo e na garantia da qualidade. Os estudantes são o produto final da instituição de ensino.

Os dois termos, controlo da qualidade e garantia da qualidade, são utilizados em estreita associação sempre que se discutem questões de gestão da qualidade. Os responsáveis pela gestão da qualidade definiram ambos. O controlo da qualidade (CQ) é um procedimento ou um conjunto de procedimentos destinados a garantir que um produto fabricado ou um serviço prestado respeitam um conjunto definido de critérios de qualidade ou satisfazem os requisitos do cliente ou do consumidor. O CQ é semelhante, mas não idêntico, à garantia de qualidade (GQ).

A garantia de qualidade é definida como um procedimento ou conjunto de procedimentos destinados a assegurar que um produto ou serviço em desenvolvimento (antes de o trabalho estar concluído, e não depois) cumpre os requisitos especificados.

A ISO 9000 define a Garantia da Qualidade (GQ) como "parte da gestão da qualidade centrada na garantia de que os requisitos de qualidade serão cumpridos".

Num processo educativo, o input é o aluno em bruto admitido no curso; o output é o processo de ensino-aprendizagem e o seu ambiente e o output é o aluno competente. O input e o output são controlados em termos de qualidade através de exames de entrada e de saída. Mas o processo de produção necessita de uma garantia de qualidade.

Tradicionalmente, são recolhidos feedbacks dos aprendentes em relação aos ambientes de aprendizagem para se ter uma ideia da eficácia da condução do ambiente de aprendizagem em relação a eles e salvaguardar a qualidade. Embora este ambiente educativo seja praticamente o mesmo para cada um dos aprendentes, estes ganham de forma diferente. As prioridades de cada um deles são diferentes durante a aprendizagem. Nestas circunstâncias, para garantir que cada um aprendeu, é possível obter feedback. Este feedback pode ser concebido para uma pontuação diferencial no mesmo conjunto de objectivos, reflectindo os seus ganhos de aprendizagem. Além disso, se estes objectivos forem aferidos, todo o processo será normalizado e será assegurada uma aprendizagem adequada, se os objectivos forem aferidos. Por conseguinte, é muito importante que seja criado e alimentado um ambiente educativo normalizado. Esta é a preocupação de qualidade com que todos os estabelecimentos de ensino trabalham.

Mas, infelizmente, é muito difícil de cumprir, especialmente no ensino médico, devido a uma série de razões, incluindo a ausência de um programa bem concebido, que incorpore os passos relevantes acima referidos.

Na Faculdade de Medicina de JN, os académicos desenvolveram um programa de garantia da qualidade - Programa de Avaliação Académica (AcAP), que é implementado em toda a Universidade, desde 2010, para garantir a qualidade do processo T-L.

O programa consiste em objectivos-chave definidos com base no ambiente de aprendizagem central em que o aluno avalia em pontos de marcação pré-determinados, que são colocados ao longo do currículo; no final de um tema, tópico ou competência adquirida. Estes objectivos são pontuados numa escala de Likart de 5 pontos, o que confere mensurabilidade à avaliação. Estes objectivos são avaliados em 3,5/5. Todos os alunos participam neste programa. O corpo docente desempenha um papel de facilitador enquanto responsável pela educação e responsável académico, apoiando, gerindo e supervisionando a qualidade do processo de aprendizagem no seu ambiente. São elaborados essencialmente três relatórios - Pré-termo, Intercalar e Pós-termo. Estes relatórios são analisados e controlados pelos administradores e decisores políticos, no conselho da faculdade, no conselho conjunto da faculdade e no conselho académico. As insuficiências em relação a qualquer objetivo aferido são identificadas para acções corretivas adequadas e acompanhadas de medidas corretivas. É conduzido pelo elemento mais importante do ambiente de aprendizagem, ou seja, os alunos. Este ciclo de definição de objectivos para o processo de aprendizagem, de aferição de desempenhos, de análise das deficiências, de planeamento de medidas corretivas e de execução das correcções, antes da conclusão do curso, constitui o ciclo de garantia da qualidade para o ambiente educativo. Os ambientes educativos têm de trabalhar com objectivos diferentes no que diz respeito à qualidade. Duas caraterísticas fundamentais fazem com que os estabelecimentos de ensino sejam diferentes dos ambientes industriais. Em primeiro lugar, ao contrário do produto industrial, que, se não cumprir os critérios de qualidade, pode ser deitado fora ou rejeitado; o nosso aluno/produto não pode ser deitado fora por qualquer razão. Em segundo lugar, "o formando" é um produto humano inteligente, que pode perceber e desabafar sobre a inadequação do ambiente de aprendizagem e assegurar-se de que está bem preparado para enfrentar os desafios futuros. Este programa de avaliação académica preenche as duas condições essenciais acima referidas para ser uma atividade de garantia de qualidade adequada nos institutos de ensino. É um programa bem concebido, planeado e implementado para a garantia da qualidade académica. O programa de avaliação académica é um instrumento eficaz para controlar o ambiente de aprendizagem protegido zelosamente pelos leaners (produto). O programa de avaliação académica é um instrumento eficaz para o controlo do ambiente de aprendizagem, protegido com zelo pelos leaners (produto). Conseguiu criar uma plataforma dedicada à preservação, sustentação e melhoria do ambiente de aprendizagem por todos os interessados, incluindo estudantes, faculdades, administradores, gestores e decisores políticos, com os alunos a liderar a partir da frente.

Capítulo 2

As tendências actuais da garantia de qualidade no ensino médico

A garantia da qualidade e a gestão da qualidade total chegaram tarde ao Ocidente, embora as ideias tenham sido originalmente desenvolvidas nas décadas de 1930 e 1940 nos Estados Unidos por, entre outros, W Edwards Deming, que se diz ser o pai da gestão da qualidade.[1] Deming era um estatístico americano com um doutoramento em física. Trabalhando na fábrica de Hawthorne, desenvolveu o chamado efeito Hawthorne, que demonstrava que era o estilo de liderança que mais importava para o aumento da produção. Mais tarde, desenvolveu o que é conhecido como "conceito PDCA, ou seja, planear, fazer, verificar e agir". Enquanto trabalhava no Japão, introduziu este conceito antes dos conceitos de controlo da qualidade. O aspeto mais importante é a avaliação das necessidades e, posteriormente, a conceção do produto para satisfazer essas necessidades. Gradualmente, o conceito de controlo da qualidade passou do Japão para os EUA e, em 2000, o controlo da qualidade total (TQM) estava em vigor. Em 2000, este conceito passou para as instituições de ensino no mundo ocidental, inicialmente no ensino superior e agora também nas escolas. A tónica recente é agora colocada na qualidade transformacional, que consiste basicamente em passar de "fazer as coisas certas para fazer as coisas certas". Tradicionalmente, os estabelecimentos de ensino têm dependido do feedback dos estudantes para as suas iniciativas de gestão da qualidade.

O conceito de feedback - informação que um sistema utiliza para fazer ajustamentos na consecução de um objetivo - foi apreciado pela primeira vez pelos engenheiros de foguetões na década de 1940 e tem sido aplicado em muitos domínios desde então. O cibernético Nobert Weiner [2] foi um dos primeiros a alargar este conceito às ciências humanas.

Nos anos 70 e 80, muitos educadores estudaram [3,4,5,6,7] a participação dos estudantes na eficácia dos resultados da educação médica. Estes estudos centraram-se principalmente nos seus ganhos de aprendizagem após a participação/assistência nas aulas/clínicas/práticas. Os resultados comunicados foram variáveis, mas todos insistiram na importância de obter continuamente um feedback para garantir que o ensino continua a ser significativo. Em 1980, o Presidente do Departamento de Medicina da Universidade de Boston observou que "estamos a formar um grupo de médicos que nunca foram observados". Isto indicava claramente que havia falta de prática de "feedback" em medicina clínica. O papel do feedback dos estudantes na educação médica também tem sido objeto de um estudo intenso, incluindo as formações clínicas. Em 1983, Jack Ended, da Universidade de Columbia, no seu artigo sobre o "feedback em medicina clínica", referiu muito categoricamente a diferença entre feedback e avaliação. Os feedbacks são formativos e permitem que os estudantes se mantenham no rumo da prossecução do seu objetivo, e apresentam um julgamento, normalmente aos professores, sobre o quão bem ou mal um estudante atingiu um determinado objetivo. As 8 diretrizes para um bom feedback incluem que este deve ser realizado com o professor e o formando a trabalharem como aliados, com objectivos comuns, deve ser bem calendarizado e esperado, deve basear-se em dados em primeira mão, deve ser regulado em quantidade e limitado a comportamentos que possam ser corrigidos, deve ser formulado numa linguagem descritiva e não avaliativa, deve incidir sobre desempenhos específicos e não sobre generalizações, deve oferecer dados subjectivos, rotulados como tal, e deve incidir sobre decisões e acções, em vez de intenções ou interpretações presumidas. Afirmou ainda que, no ensino médico clínico, a importância do feedback vai para além da pedagogia. Sem feedback, o erro e o desempenho não são reforçados e a competência clínica alcançada é incompleta, mas também está ameaçada de ser destituída. De forma muito interessante, mencionou também um sistema desenvolvido pelos cirurgiões da casa de "auto-validação" e, com o passar do tempo, os estudantes começaram a sentir-se mais capazes de julgar o seu próprio desempenho. Referiu ainda que o principal problema era o facto de o ambiente educativo não ter conseguido proporcionar aos estudantes um modelo de avaliação do desempenho construtivo e não avaliativo. Embora o foco do seu estudo fosse o feedback sobre o desempenho dos estudantes, algumas coisas que surgiram e que são muito importantes são - é necessário, é valioso e é possível, o feedback é um indicador importante de quão bem um determinado programa está a cumprir a sua missão.

Em 1988, Ramsey PG, Gillmore GM, Irby DM [4], também no seu artigo "Evaluating clinical teaching in the medicine clerkship: relationship of instructor experience and training setting to ratings of teaching effectiveness", apresentaram um formulário de avaliação do ensino clínico para avaliar o ensino ministrado por docentes e residentes. O feedback foi direcionado para o envolvimento de diferentes quadros no programa de formação.

É interessante notar que os instrutores clínicos obtiveram a classificação mais elevada, mesmo em relação ao corpo docente.

Em 1992, Holm HA[9] publicou um artigo sobre "Garantia de qualidade do ensino médico - um pré-requisito para uma boa prática médica". Afirmaram que a garantia de qualidade do ensino médico implica uma avaliação bem planeada da estrutura, do processo e dos resultados do ensino, que tem de se basear em normas e objectivos definidos, e assenta em grande medida num conhecimento profundo da forma como as pessoas aprendem. Foram identificados três elementos fundamentais - o contexto da aprendizagem, a disponibilidade de informação e as oportunidades de elaboração, incluindo o aconselhamento educativo, a orientação e a interação com os pares. Estas são caraterísticas comuns, desde o nível de licenciatura até à formação contínua.

Em 1994, Ramsbottom-Lucier MT et al [10]. efectuaram um estudo sobre os padrões de ensino clínico de pacientes interiores e exteriores de 29 professores, pelos estudantes, pedindo-lhes que classificassem numa escala de Likart de 6 pontos. Embora o estudo se centrasse mais na classificação dos professores, parece tratar-se de uma tentativa inicial de formulários de avaliação dos estudantes que desempenham um papel definitivo nos ambientes de formação clínica.

No cenário indiano, o Conselho Médico da Índia tomou a iniciativa de reforçar o programa de licenciatura e publicou as diretrizes MCI UG em 1997 [13]. Embora o controlo de qualidade tenha sido reforçado através da confirmação de requisitos mínimos alargados para a realização de exames, incluindo o exame formativo, não foram incluídas recomendações relativas a quaisquer feedbacks dos estudantes ou garantias de qualidade durante o programa.

Em 2001, foi publicado outro artigo interessante sobre um estudo realizado na Divisão de Gastroenterologia da Universidade do Texas Medical Branch por Steinert Y. Galveston[14], em que se utilizaram grupos de discussão de estudantes para melhorar o desempenho dos professores. Mais uma vez, isto sublinhava que o papel dos estudantes estava a ser alargado e que os professores queriam que eles participassem ativamente para os ajudar a ultrapassar as deficiências e a melhorar os ambientes de aprendizagem.

Também em 2001, Biggs J. et al [15] apresentaram o documento intitulado "The reflective institution: Assuring and enhancing the quality of teaching and learning", a importância das garantias de qualidade no ensino superior. Voltaram a focar a necessidade e as preocupações relativas às garantias de qualidade, especialmente a forma como ajudam a melhorar os ambientes de aprendizagem e a qualidade do ensino.

Em 2002, Elzubeir M et al (16) discutiram os inquéritos aos estudantes como forma de avaliar o ensino e de se concentrarem na qualidade do ensino nas escolas de medicina. Examinaram a utilidade da avaliação dos estudantes através de um questionário centrado no ensino. Este questionário foi ainda utilizado para a tomada de decisões administrativas e também para identificar os docentes que necessitavam de melhorias. Classificaram estes dois objectivos em objectivos sumativos e objectivos formativos. Além disso, o estudo chamou a atenção para a necessidade de desenvolvimento e a importância da adoção de múltiplos métodos de avaliação e documentação do ensino e de outras actividades educativas.

Em 2002, Sallis E, no seu livro eletrónico sobre a gestão da qualidade total (TQM) no ensino[17], publicado pela Kogan Page Ltd, forneceu talvez as informações mais importantes sobre a história, o desenvolvimento, os imperativos, os processos de qualidade como a TQM, a SQM, etc., e a sua utilização nos estabelecimentos de ensino, tendo os estudantes como "produto". Os quatro imperativos de qualidade, que levam os estabelecimentos de ensino a concentrarem-se nas garantias, são o imperativo moral, o imperativo profissional, o imperativo competitivo e o imperativo de responsabilidade. Estes quatro imperativos reflectem o ambiente complexo em que as instituições de ensino operam. São os motores e as forças motivadoras que desafiam qualquer instituição a assumir uma posição proactiva em matéria de qualidade. O conceito de aluno como produto do estabelecimento de ensino é discutido com algumas preocupações, especialmente no que se refere ao facto de ser impossível produzir alunos e estudantes de acordo com um determinado padrão garantido. Contrariamente a isto, Lynton Gray[18]no seu livro. "Marketing Education" afirma, numa discussão muito útil, que "Os seres humanos são notoriamente não padronizados e trazem para as situações educativas uma série de experiências, emoções e opiniões que não podem ser mantidas no fundo da operação. "A ideia do aluno como produto não tem em conta as complexidades do processo de aprendizagem e a singularidade de cada aluno. É muito categórico afirmar que, para que a TQM seja relevante na educação, tem de ter em consideração a experiência do aluno. Cada aluno é único e adapta-se à situação que melhor lhe convém. E as instituições que pretendem adotar a TQM têm de ter em conta as vias que permitem a individualização e a aprendizagem diferenciada. Os formandos devem ser capazes de utilizar um forte ciclo de feedback para negociar o seu próprio plano de ação. A avaliação deve ser de natureza contínua e os institutos devem poder utilizar os resultados no controlo formal para estabelecer a validade do seu programa. As causas comuns da má qualidade do ensino podem ter origem numa variedade de fontes. Estas podem incluir uma conceção deficiente do currículo, edifícios inadequados e mal conservados, ambiente de trabalho deficiente, sistemas e procedimentos inadequados, horários insuficientemente criativos, falta de recursos necessários e desenvolvimento insuficiente do pessoal. Se a causa de uma falha ou fracasso puder ser identificada como resultante de um problema de sistemas, políticas ou recursos, então trata-se de uma falha de causa comum. A implicação para a gestão é que, para eliminar a causa do problema, os sistemas e procedimentos têm de ser melhorados, reorganizados ou especificados. Isto pode exigir uma mudança de política ou talvez a instigação de um novo programa de formação. A participação do formando na avaliação do seu próprio progresso e da sua experiência do programa é um elemento importante nesta avaliação. O aspeto importante a ter em conta é que só a direção pode resolver estes problemas. Só eles têm autoridade para adotar políticas ou reformular sistemas.

O processo de autoavaliação de uma forma eficaz e rigorosa envolve:

- Um esforço de objetividade nos julgamentos; os educadores devem ser realistas quanto ao desempenho das suas instituições;
- Assegurar que é prestada atenção suficiente à qualidade do ensino e da aprendizagem;
- Assegurar que os planos de ação são elaborados de forma a conduzirem a melhorias demonstráveis que se baseiam nos pontos fortes e reduzem os pontos fracos.

Identificaram também variáveis para a autoavaliação de um processo de ensino e aprendizagem, questões relacionadas com os alunos e questões relacionadas com os professores.

Em 2003, foi realizado um estudo por Stark P.[19] na Faculdade de Medicina/Universidade de Leeds e no Leeds teaching Hospital trust, Reino Unido - "Teaching and learning in the clinical setting: a qualitative study of the perceptions of students and teachers" (Ensino e aprendizagem no contexto clínico: um estudo qualitativo das percepções dos estudantes e dos professores), com o objetivo de estudar as percepções sobre o ensino e a aprendizagem no contexto clínico. O estudo baseia-se fundamentalmente numa narrativa e revela que, embora os estudantes considerem os consultores como modelos a seguir, existem diferenças de perceção: para os estudantes, os locais de ensino tradicionais têm pouca importância clínica. Do mesmo modo, os clínicos ensinavam numa série de contextos e utilizavam várias estratégias de ensino, mas nem todas eram consideradas como "ensino" pelos estudantes. Concluíram que, embora os estudantes e os professores sejam parceiros educativos, nem sempre estão de acordo quanto à qualidade, quantidade, estilo ou contexto adequado do ensino clínico. Para que os professores possam proporcionar um ensino de maior qualidade, é necessário que haja apoio, oportunidades e incentivos para compreenderem os desenvolvimentos curriculares e adquirirem competências de ensino.

Outro estudo interessante foi realizado por Darlaston Jones D et al , em 2003 [20], publicado com o título - "Are they being served? Expectativas dos estudantes em relação ao ensino superior". Este estudo envolve estudantes de psicologia. Mas aborda questões importantes, nomeadamente a perceção da garantia de qualidade no ensino. O estudo utiliza o SERVQUAL, desenvolvido na Universidade de Tecnologia de Queensland por Ridings, Sidhu e Pokarier (2000), para a fase quantitativa do estudo. O SERVQUAL é um questionário de uma página, que pode ser utilizado tanto pelo pessoal docente como pelo pessoal administrativo, com 20 perguntas classificadas numa escala de Likerts de 7 pontos. Os autores concluem que existe uma diferença entre as expectativas dos estudantes relativamente à universidade e a realidade da sua experiência. Embora os estudantes esperem ser aprendizes autónomos e, na sua maioria, estejam dispostos e entusiasmados, precisam e esperam apoio instrumental da universidade para o conseguir. Este estudo realça muito categoricamente a importância da identificação das necessidades através de um sistema de feedback dos estudantes. A sua perspetiva pode ser diferente da perspetiva da universidade e da conduta académica, o que deve ser tido em conta. Não só ajuda como também é uma forma muito económica de desenvolver um ambiente favorável ao estudante. Foram encontrados resultados semelhantes durante a avaliação dos programas de tutoria entre pares (Breen et al[21], 2001). Se os processos logísticos fossem organizados de forma a funcionarem sem problemas, sem incómodos para o estudante, isso permitir-lhe-ia concentrar-se na aprendizagem. Isto, por sua vez, aliviaria a pressão sobre o pessoal docente e administrativo, porque os estudantes não estariam constantemente a procurar ajuda para este tipo de questões.

A questão da participação dos estudantes que conduz ao insucesso escolar continuou a ser investigada e Dhaliwal U , da Índia, em 2003 [(22)] relatou o mesmo no seu estudo intitulado "Absenteísmo e insucesso escolar em estudantes do último ano de medicina". No mesmo ano, 2003, Bloomfield et al [23], da Universidade de New South Wales, Austrália, realizaram um estudo sobre as preferências dos estudantes do último ano relativamente às suas actividades de aprendizagem. O principal objetivo consistia em identificar a incompatibilidade percebida e utilizá-la para o alinhamento curricular. Este estudo, que consistiu num questionário de autoavaliação, deu uma ideia do que os estudantes pretendiam e ajudou a realinhar o equilíbrio entre a formação e o exame. Concluíram que estes realinhamentos conduzidos pelos estudantes são muito necessários para alinhar os objectivos, as actividades de ensino/aprendizagem e a avaliação.

Em 2004, Lockwood JH, Sabharwal RK, et al [24] efectuaram outro estudo baseado num questionário - "Quality improvement in medical students' education: the AAMC medical school graduation questionnaire". Embora o feedback fosse de natureza externa, contribuiu para a satisfação das preocupações em matéria de qualidade.

Na Índia, em 2004, Mayya S, et al [25] publicaram a sua experiência no estudo "Students' perceptions of educational environment: a comparison of academic achievers and under-achievers at Kasturba Medical College, India". O estudo utilizou como instrumento o Dundee Ready Educational Environment Measure (DREEM), que foi aplicado a 508 estudantes de medicina dos anos clínicos. As pontuações dos itens e da escala foram comparadas entre os alunos com bom desempenho académico e os alunos com baixo desempenho. A classificação geral do ambiente educativo na instituição foi média. A pontuação média global do DREEM foi significativamente mais elevada para os alunos com bom desempenho académico. Em comparação com os alunos com fraco aproveitamento escolar, os alunos com bom aproveitamento escolar obtiveram pontuações significativamente mais elevadas nas percepções relativas aos professores, ao ambiente académico e à auto-perceção social. Além disso, a classificação geral (pontuação total do DREEM) dos estudantes do sexo feminino foi significativamente inferior à dos estudantes do sexo masculino do grupo academicamente vulnerável. Concluiu-se que as percepções dos alunos com fraco desempenho são significativamente diferentes das dos alunos com melhor desempenho na mesma instituição. Deve ser dada mais importância às percepções dos estudantes para melhorar o ambiente educativo, uma vez que as percepções estão associadas positivamente aos resultados da aprendizagem, à abordagem da aprendizagem e à atitude em relação ao estudo. Os autores recomendam que a utilização do DREEM como instrumento de monitorização pode permitir intervenções atempadas para corrigir ambientes educativos problemáticos.

A partir de 2005, a Federação Mundial de Educação Médica sublinhou a necessidade de dar prioridade às normas na educação médica. Deram prioridade ao mesmo e Savage C, et al [26] começou a realizar um seminário em para o efeito. Este foi o Workshop sobre Garantia da Qualidade nas Escolas de Medicina, "Moving from Quality Assurance to Quality Improvement Quality Assurance" (Passando da Garantia da Qualidade para a Melhoria da Qualidade), EMSA/IFMSA, Copenhaga, Dinamarca, 6-10 de julho de 2005, versão 4.3: "Um diploma de medicina de uma escola médica não acreditada e de má qualidade é quase inútil". O seu objetivo é que todas as escolas de medicina sejam acreditadas pela WFME ou pela LCME até 2023, sob pena de perderem a sua listagem no Diretório Mundial. Esta iniciativa da WFME está incluída na lista - Salvaguardar os estudantes, salvaguardar as normas para o ensino médico, o que só mostra a importância crescente das preocupações mundiais com a qualidade do ensino médico.

Em 2005, foi também publicado o documento Guidelines for Quality Provision in Cross-border Higher Education (Diretrizes para a Qualidade do Ensino Superior Transfronteiriço) pela Organização das Nações Unidas para a Educação, Ciência e Cultura[27]. Contém diretrizes para o governo, para as instituições, para os estudantes, para os profissionais, etc. Para as instituições, inclui que devem assegurar que os programas que ministram além-fronteiras e no seu país de origem são de qualidade comparável e que também têm em conta as sensibilidades culturais e linguísticas do país de acolhimento. Reconhecer que a qualidade do ensino e da investigação é possível graças à qualidade do corpo docente e à qualidade das suas condições de trabalho, que promovem a investigação independente e crítica, e desenvolver, manter ou rever os actuais sistemas internos de gestão da qualidade. Do mesmo modo, no que diz respeito aos organismos estudantis, diz estar envolvido como parceiro ativo, participar ativamente na promoção de uma oferta de qualidade.

Em 2006, no estudo relatado por Grime et al [28], os estudantes avaliaram o novo currículo introduzido em medicina do trabalho sobre "Avaliação pelos estudantes de medicina de uma sessão de ensino em medicina do trabalho", sobre a perceção de uma sessão de ensino que incluía uma visita ao local de trabalho. Concluíram que é possível melhorar a perceção dos estudantes sobre o valor de uma sessão de ensino, modificando-a à luz da avaliação baseada nos estudantes.

Steinert Y et al [29] efectuaram uma análise sistemática das iniciativas de desenvolvimento do corpo docente nas últimas três décadas (1980-2002). O desenvolvimento do corpo docente conduziu à eficácia em termos de aprendizagem experimental, fornecimento de feedback, relações efectivas entre pares e colegas, intervenções bem concebidas que seguem os princípios do ensino e da aprendizagem e a utilização de uma diversidade de métodos educativos em intervenções únicas. O aspeto significativo revelado foi também o facto de os estudantes serem capazes de reconhecer estas mudanças nos professores. Masaic et al[30], no seu artigo sobre a avaliação da qualidade do ensino na sua universidade, afirmaram claramente que a fação do estatuto do estudante é primordial e inestimável e que, com o aumento dos seus pedidos, as formas tradicionais podem ser insuficientes. Embora o estudo tenha sido baseado num inquérito realizado com 48 estudantes do último ano de medicina, concluiu-se efetivamente que a exposição prática ultrapassa a necessidade de conhecimentos teóricos e que queriam que os seus professores indicassem formações clínicas. Isto indica a sensibilidade dos estudantes em relação às mudanças no ambiente educativo e a forma responsável como pretendem salvaguardar a condutividade. Karle H et al [31] também salientaram o papel das garantias de qualidade no ensino médico e insistiram que a normalização do ensino médico é essencial e que as acreditações devem ser uma prioridade para as instituições. Os papéis dos estudantes neste processo têm de ser essencialmente definidos.

O processo de qualidade no ensino médico está agora a receber prioridades de todo o mundo, tendo sido desenvolvidas muitas ferramentas novas para garantir um feedback mais padronizado sobre o mesmo. Um desses instrumentos é o Student evaluation of teaching in outpatient clinics (SETOC) (Avaliação do ensino em ambulatório pelos estudantes), elaborado por Zuberi RW et al [32] em 2007. O objetivo era avaliar o ensino e os professores em ambientes exteriores. Concluíram que o SETOC é um instrumento válido e fiável; através dele, é possível identificar os pontos fracos ou as competências de ensino excepcionais dos professores para o desenvolvimento do corpo docente. Outro estudo muito significativo foi relatado por Masic et al [33], da Bósnia, sobre "como avaliar e melhorar a qualidade do ensino médico: lições aprendidas na Faculdade de Medicina de Sarajevo". Neste estudo, é manifestada a preocupação de que, com o conhecimento médico a crescer rapidamente e a ter apenas uma meia-vida de 7 anos, tem de ser dada uma forte ênfase à qualidade do ensino e tem de ser assegurada uma qualidade contínua de permanência, devendo ser definidos padrões educativos e harmonizados os programas curriculares a nível local e regional. A educação tem de resultar de forma a que os estudantes sejam capazes de trabalhar de forma independente e curar os doentes da melhor maneira. Tudo isto não será possível sem o envolvimento profundo dos estudantes no processo de garantia de qualidade.

Em 2008, Van de Ridder JM et al [34] descreveram a importância do feedback no ensino clínico e elaboraram uma definição operacional consensual de feedback, baseada na investigação. Os autores apresentam três conceitos subjacentes que definem o feedback como "informação", como "reação", incluindo informação, e como um "ciclo", incluindo informação e reação. Propuseram a seguinte definição operacional: "Informação específica sobre a comparação entre o desempenho observado de um formando e uma norma, dada com o objetivo de melhorar o desempenho do formando. Esta definição ajudou a orientar as instituições de ensino para o desenvolvimento de feedbacks como programas de ciclo completo.

Kebriaei et al [35], do Bangladesh, na sua análise sobre as lacunas de qualidade dos serviços educativos, declararam que existem lacunas negativas em cinco dimensões, sendo as maiores nas dimensões da capacidade de resposta e da tangibilidade, em tanto dos docentes como dos estudantes. Salientam que, no que respeita à qualidade, os estudantes estão tão conscientes das preocupações como os professores. O estudo "quality gaps of educational services in viewpoints of students" (lacunas de qualidade dos serviços educativos do ponto de vista dos estudantes), realizado por Aghamolaei T et al [36], utilizou os métodos SERVQUAL, uma ferramenta baseada em inquéritos com 5 dimensões de serviço que consistem em garantia, capacidade de resposta, empatia, fiabilidade e tangibilidade. Verificaram-se diferenças significativas entre as percepções e as expectativas dos estudantes em todas as cinco dimensões SERVQUAL ($p < 0,001$). As expectativas dos estudantes excederam as suas percepções e foram recomendadas melhorias nas cinco dimensões.

Em 2009, Berk et al [37] utilizaram um modelo de feedback multifonte de 360 graus (MSF) para avaliar o ensino e o profissionalismo em medicina clínica. Este modelo incluiu caraterísticas com 14 fontes de evidência de oito possíveis avaliadores, incluindo estudantes, o próprio, pares, peritos externos, mentores, antigos alunos, empregadores e administradores, com base na investigação no ensino superior, e foi adaptado a decisões formativas e sumativas. Três decisões diferentes utilizaram estes feedbacks, incluindo (1) decisões formativas e feedback sobre a melhoria do ensino; (2) decisões sumativas e feedback para a remuneração por mérito e a renovação do contrato; e (3) decisões formativas e feedback sobre comportamentos profissionais no meio académico. Concluíram que talvez o modelo MSF possa fornecer decisões mais exactas, fiáveis, justas e equitativas do que o modelo baseado apenas numa única fonte. Elam et al [38], no seu estudo "Do visits help improve the quality of teaching within undergraduate teaching practices?" (As visitas ajudam a melhorar a qualidade do ensino no âmbito das práticas de ensino pré-graduado?), efectuado na Universidade de Leeds, analisaram o papel das visitas práticas como parte da garantia de qualidade e fizeram recomendações para melhorar a sua incidência e eficácia. Brochado A et al [39], no seu estudo "Comparing alternative instruments to measure service quality in higher education", compararam cinco instrumentos - qualidade do serviço (SERVQUAL), SERVQUAL ponderado pela importância, desempenho do serviço (SERVPERF), SERVPERF ponderado pela importância e desempenho do ensino superior (HEdPERF). Concluíram que o SERVPERF e o HEdPERF apresentam a melhor capacidade de medição, mas não é possível identificar qual deles é o melhor.

No livro escrito por Bell et al [40] intitulado "O futuro do ensino superior: política, pedagogia e a experiência do estudante". Discute categoricamente os desafios da melhoria da qualidade em ambientes educativos em mudança. Os profissionais (incluindo os professores universitários) são capazes, através de um exame detalhado e contínuo da sua prática diária, de reconhecer o que estão a fazer bem e porque o fazem bem. Do mesmo modo, podem reconhecer e desenvolver o que precisa de ser melhorado. Os métodos de inquérito aos estudantes mudaram radicalmente nos últimos anos. Os mecanismos nacionais de garantia da qualidade dão grande ênfase às opiniões dos estudantes, e os avanços tecnológicos tornam cada vez mais fácil não só recolher as reacções dos estudantes, mas também disponibilizar esta informação aos futuros estudantes de uma forma que possa servir de base à sua escolha. Afirma-se que, independentemente das estratégias das instituições de ensino superior, não será possível ignorar estes inquéritos, que têm um impacto duradouro. O desafio para as instituições consiste em assegurar este potencial de utilização do feedback dos estudantes para informar uma melhoria genuína da experiência do estudante e provocar melhorias genuínas. Outro aspeto importante referido é a necessidade de as universidades criarem uma cultura em que o feedback seja valorizado e aplicado, e em que os estudantes considerem o ato de dar feedback como parte da sua responsabilidade enquanto membros de uma comunidade académica. Também destaca o papel das experiências dos estudantes e intitula-as como produtoras.

Outro estudo realizado por Aghamolaei T et al [41] na Universidade Iraniana de Ciências Médicas também insistiu que as percepções dos estudantes sobre o seu ambiente educativo têm um impacto significativo no seu comportamento e progresso académico. Neste estudo, foi utilizado o questionário DREEM. Os cinco domínios do questionário incluíam as percepções dos estudantes sobre a aprendizagem, as percepções dos estudantes sobre os professores, as auto-percepções académicas dos estudantes, as percepções dos estudantes sobre o ambiente e as auto-percepções sociais dos estudantes. O estudo concluiu que são necessárias melhorias em todos estes domínios.

Em 2011, a WFME [42,43,44] abordou a questão da melhoria da qualidade em três aspectos importantes da formação médica: a licenciatura, a pós-graduação e a formação médica contínua. Publicou as normas globais da WFME para a melhoria da qualidade. Publicou pela primeira vez o programa sobre normas internacionais em matéria de ensino médico em 1998, com o objetivo de criar um mecanismo para a melhoria da qualidade do ensino médico. Incluiu o desenvolvimento da qualidade em cada uma das suas iniciativas, para além de

às normas básicas. Embora o papel da WFME seja o de prestar assistência, a responsabilidade básica recaiu sobre os organismos nacionais. A principal intenção é que as escolas médicas formulem os seus próprios planos de mudança e de melhoria da qualidade. Além disso, a garantia de qualidade dos programas das escolas médicas deve dar ênfase à melhoria e fornecer orientações para a alcançar, a fim de evitar a interpretação das normas como um nivelamento por um nível inferior de qualidade entre as instituições. As normas são úteis, em primeiro lugar, para as instituições de ensino, como base para a avaliação interna e a melhoria da qualidade.

As normas destinam-se não só a estabelecer requisitos mínimos, mas também a incentivar o desenvolvimento da qualidade para além dos níveis especificados. As normas devem ser claramente definidas e ser significativas, adequadas, relevantes, mensuráveis, exequíveis e aceites pelos utilizadores. Devem ter implicações para a prática, reconhecer a diversidade e promover um desenvolvimento adequado. Os resultados educativos devem corresponder a essas normas básicas e centrar-se no desenvolvimento da qualidade. Deve ser especificada a relação entre as competências a adquirir até à licenciatura e as competências a adquirir na formação pós-graduada. As medidas e as informações sobre as competências dos diplomados devem ser utilizadas como feedback para o desenvolvimento do programa. A gestão do programa deve ter um desenvolvimento de qualidade. Deve haver representação do pessoal, dos estudantes e das partes interessadas. O desenvolvimento do programa de estudos deve procurar obter contributos do ambiente em que o diplomado deverá trabalhar. Cada uma das iniciativas tinha um objetivo de desenvolvimento da qualidade. O desenvolvimento da qualidade da avaliação do programa afirma claramente que deve abordar o contexto do progresso educativo. O feedback dos professores e dos estudantes deve ser sistematicamente procurado, analisado e respondido. Os professores e os alunos devem participar ativamente no planeamento da avaliação do programa e na utilização dos seus resultados para o desenvolvimento do programa. Esta iniciativa da WFME centra-se no desenvolvimento da qualidade de cada instituto de formação médica, com a participação de todas as partes interessadas, incluindo os estudantes, a fim de formar um médico competente para a comunidade, com relevância tanto a nível local como mundial. Nesta iniciativa de qualidade, o papel dos estudantes será crucial e com enormes responsabilidades.

O GMC (UK) [45] também garante a qualidade do ensino e da formação médica. Esta qualidade é assegurada através de três níveis de atividade: garantia da qualidade, gestão da qualidade e controlo da qualidade. A garantia da qualidade é a atividade global na qual se inserem a gestão e o controlo da qualidade. Inclui todas as políticas, normas, sistemas e processos que estão em vigor para manter e melhorar a qualidade do ensino e da formação médica no Reino Unido. A gestão da qualidade é da responsabilidade das escolas de medicina e das direcções de pós-graduação. Refere-se aos processos através dos quais estes organismos asseguram que a formação que os seus estudantes de medicina e médicos estagiários recebem dos prestadores locais de ensino (LEP), tais como os NHS trusts, cumpre as normas da GMC. Os LEP são, por sua vez, responsáveis pelo controlo da qualidade, ou seja, por garantir que a formação que ministram cumpre as normas locais, nacionais e profissionais. O relatório final apresenta recomendações para vários domínios do processo de controlo de qualidade:uma nova abordagem das normas para a prestação de ensino e formação um conjunto mais completo de sanções regulamentares progressivas para os casos em que as normas fundamentais não são cumpridas ou estão em risco de não o serem uma nova abordagem dos relatórios anuais de especialidade e do papel dos consultores externos de especialidade, bem como do papel dos colégios nas visitas e relatórios de GQ;um novo padrão para as visitas de garantia da qualidade, envolvendo um programa fixo de visitas anunciadas e visitas de verificação mais pequenas em resposta a riscos identificados; relatórios transparentes e acessíveis que mostrem os perfis de risco das organizações e a forma como as provas foram trianguladas para formar juízos de garantia da qualidade; trabalho com outras entidades reguladoras para uma melhor partilha de informações e soluções holísticas, e para aliviar a carga regulamentar sobre os prestadores de serviços, ao mesmo tempo que se exerce uma maior pressão para que cumpram as normas.

Em 2012, Medha et al [46] referiram que as normas de ensino médico, tal como adoptadas e mantidas pelas instituições de ensino, contribuem em grande medida para formar o médico de hoje e de amanhã. A importância do ensino médico na prestação de cuidados de saúde de qualidade está a assumir maior importância, uma vez que muitas partes interessadas se aperceberam de que, sem abordar a qualidade do ensino médico, não é possível melhorar a prestação de cuidados de saúde. Embora a qualidade seja difícil de definir, deve ter em conta a responsabilidade perante o público e o cumprimento dos requisitos das normas externas, sendo também essencial para melhorar e manter a qualidade do ensino e da aprendizagem numa instituição. A educação pode ser comparada a um sector de serviços. Na educação, a qualidade pode ser considerada tanto do lado da produção, ou seja, a criação da próxima geração de licenciados em medicina adequados, como do lado da perceção, que é a manutenção dos valores e princípios das instituições de ensino médico. A garantia da qualidade é um processo contínuo que envolve a medição, o julgamento e as medidas tomadas para melhorar o processo, de modo a que o produto final cumpra as especificações de qualidade. Esta melhoria sistemática, estruturada e contínua ajuda a garantir que o produto seja sempre relevante para as exigências actuais. Nos estabelecimentos de ensino, o currículo, os métodos de ensino-aprendizagem e os métodos de avaliação devem ser analisados e revistos de forma contínua, para que nós próprios e as partes interessadas possamos ter a certeza de que a qualidade é assegurada em todas as fases da carreira do estudante. Os estudantes de medicina desempenham um papel fundamental na garantia da qualidade do ensino médico. Um feedback validado e regular dos estudantes sobre o curso e o ensino é considerado essencial e parte integrante da garantia de qualidade. Estes dados devem ser qualitativos e quantitativos e devem centrar-se na aprendizagem e na melhoria. O feedback periódico dos estudantes e dos antigos alunos sobre os cursos oferecidos, uma avaliação estruturada e objetiva pelos pares e a utilização de uma vasta gama de métodos de avaliação melhorarão a qualidade dos médicos produzidos, o que, por sua vez, deverá melhorar a prestação de cuidados de saúde à sociedade. Os métodos utilizados para avaliar conhecimentos, competências e atitudes, com resultados de aprendizagem bem definidos e dados a conhecer aos estudantes, ajudam a alinhar o ensino e a aprendizagem com as avaliações. Uma avaliação fiável e válida contribui para o sistema de garantia da qualidade. O feedback construtivo e a criação de sistemas para rever e aplicar continuamente as alterações com base num quadro concetual científico ajudarão a educação médica a passar da garantia da qualidade para a melhoria da qualidade

A perceção que os estudantes de medicina têm dos ambientes educativos foi novamente estudada recentemente por Varun Kohli et al [47], que utilizaram o questionário DREEM. Os três itens mais bem classificados foram os professores conhecedores, ter bons amigos e confiança na aprovação, e as áreas problemáticas foram o stress, a incapacidade de memorizar e a ênfase excessiva na aprendizagem factual. Sugeriram também que é essencial melhorar o ambiente educativo em geral e que os currículos híbridos podem ser a solução.

As mesmas conclusões sobre a necessidade de abordar as percepções dos estudantes para que a qualidade do serviço seja relevante são corroboradas por Ong WM et al [(48).]

Noutro estudo recente realizado por Bahram Nabilou et al [49] em 2014, "A ponte entre o real e o ideal: perceção dos estudantes sobre a diferença de qualidade entre a realidade e as suas expectativas educativas", utilizou o questionário SEVQUAL como instrumento. A principal conclusão foi que, em geral, 80% das expectativas educativas não foram satisfeitas, com a maior lacuna no fator empatia entre os professores. O enorme fosso pode também ser indicativo de uma posição irrealista, mas uma vez que são clientes do sistema de ensino superior, as suas expectativas devem ser tidas em conta. Também o estudo de Rahim Khanli M et al [50] intitulado "The students viewpoint on the quality gap in educational services" revela que as expectativas dos estudantes eram superiores às suas percepções das condições actuais. Recomendam que se proceda a uma maior afetação de recursos para melhorar as instalações educativas e o ambiente físico.

O Conselho Médico da Índia, na sua Visão MCI 2015[51] e, mais recentemente, na sua introdução do modelo ATCOM em todo o país, pretende que a aquisição de competências seja a prioridade nos ambientes educativos médicos na Índia. A identificação destas competências necessitará dos contributos de todas as partes interessadas, incluindo os estudantes, e o feedback dos estudantes continuará a ser a espinha dorsal para o êxito da aplicação deste programa.

Em resumo, nos últimos 75 anos, o ensino da medicina evoluiu muito. Cada vez mais se tem procurado proporcionar um ensino médico normalizado e de qualidade. O processo de qualidade no ensino médico ainda está por estabelecer. Em todo o mundo, estes processos são diferentes e, na sua maioria, não são ministrados de forma regular e contínua, embora a normalização básica tenha sido assegurada pelos respectivos conselhos em todo o mundo. Os mecanismos de saída para o controlo da qualidade também estão bem implantados em muitos ambientes educativos. Baseiam-se sobretudo em inquéritos e instrumentos de feedback. Ao longo do tempo, foram desenvolvidos e estão a ser utilizados diversos instrumentos deste tipo.

Um pensamento radical que foi incorporado no pensamento educacional é que os estudantes são um produto ou um produtor, e em ambos os casos o processo de gestão da qualidade deve ser rigorosamente aplicado. A garantia de qualidade, que deve ser um processo institucional interno, não está a ser aplicada da forma desejada, de acordo com o ponto de vista dos alunos. E pode ser essa a razão pela qual as percepções e as expectativas dos alunos e dos responsáveis pela educação são muito diferentes.

Do mesmo modo, os mecanismos de feedback para garantir a qualidade ainda não estão estabelecidos no ensino da medicina e, mais especificamente, na Índia.

O Programa de Avaliação Académica da Faculdade de Medicina de J.N. DMIMS (DU) pode ser o programa inovador para a garantia da qualidade que preenche a maior parte das componentes do ciclo de garantia da qualidade, incluindo - feedback contínuo das partes interessadas primárias sobre a capacidade de condução do ambiente educativo como um todo, sendo aferido para normalização. Os desvios são analisados regularmente pelos gestores do ensino e as correcções são adoptadas; além disso, as análises são monitorizadas regularmente pelos administradores da linha da frente e pelos órgãos de gestão.

Um bom programa de garantia da qualidade tem como caraterística intrínseca decidir primeiro o que deve ser objeto de avaliação comparativa. Este programa identificou 10 objectivos-chave a serem aferidos para uma prestação de qualidade do processo de ensino-aprendizagem. Estes são os Objectivos de Aprendizagem-SET

Preparação do tema
Material de recursos didácticos
Discurso e Audibilidade
Compreensão
Interação
Capacidade de execução (capacidade psicomotora)
Adequação do material clínico e realização de actividades clínicas/práticas
Infra-estruturas
Objectivos de aprendizagem -MET

Cada um deles é avaliado com um mínimo de 3,5/5 na escala de Likart para ser dispensado de forma adequada. Isto é implementado como o Programa de Avaliação Académica na instituição médica - J.N. Medical College, Wardha.

Através deste programa inovador de avaliação académica, foi criado um método de garantia de qualidade para o ambiente de aprendizagem. Talvez seja o único programa de GQ que está a ser executado em todo o país com o objetivo de assegurar que os alunos liderem a condução dos seus próprios ambientes de aprendizagem. É imperativo que o seu papel e impacto sejam estudados mais aprofundadamente. Pode ser o programa de referência na história da garantia de qualidade no ensino médico que envolve todos os estudantes ativamente inscritos no seu curso de graduação.

Capítulo 3

O programa de avaliação académica

A. Programa de avaliação académica - Versão 1.0 (versão principal)

Missão:

"O processo de avaliação garantirá e melhorará a qualidade do ambiente académico no instituto.

Objetivo:

A avaliação académica será responsável pela supervisão da qualidade, bem como pela implementação, gestão e acompanhamento dos programas/cursos educativos institucionais.

Plano de ação:

A garantia da qualidade académica será assegurada através de "Programa de avaliação académica":

Objetivo: Assegurar que os programas académicos são realizados em consonância com a política da universidade; sugerir e incorporar medidas para reforçar a qualidade do ensino e dos académicos ao nível da licenciatura e da pós-graduação,

Objectivos:

1. 1Saber se os objectivos educativos e de aprendizagem estão bem definidos e são compreendidos pelas partes interessadas
2. Saber se os professores identificam as áreas fundamentais de competência em cada disciplina.
3. Saber se é adotado e praticado o ensino orientado para a consecução dos objectivos de aprendizagem/educacionais/competências.
4. Identificar se as TLR utilizadas são adequadas e apropriadas para atingir estes objectivos
5. Conhecer as dificuldades enfrentadas pelos alunos na compreensão e na aquisição das competências/competências necessárias.
6. Adotar a incorporação de modalidades de ensino favoráveis aos estudantes.
7. Identificar os pontos fracos e fortes do currículo e fazer recomendações adequadas.
8. A utilizar como "documento de base" para a análise SWOT
9. No futuro, será utilizado para o desenvolvimento de um sistema de pontuação baseado no crédito.

Introdução:

Este modelo de avaliação qualitativa é proposto para obter um "feedback direto e imparcial centrado no aluno" relativamente à qualidade e à garantia das actividades de ensino/académicas realizadas na disciplina no instituto e analisá-las para uma melhoria contínua global.

Pessoas-chave:

Nível institucional:

1: "Student lead" para a disciplina: Para os alunos de teoria 4,
Para as clínicas/práticas 1 de cada lote (A, B, C e D)
2. "Responsável pedagógico" da disciplina (professor sénior)
3. "Responsável Académico": Vice-Reitor (Académico)

Nível universitário:

Célula de avaliação académica: Membros de todos os líderes académicos e convocador por rotação

O Responsável pela Convocação é membro da Célula Interna de Garantia da Qualidade

O "responsável académico" deve ser membro da célula de avaliação académica (autónomo com direito de visita e/ou chamada)

Realizarão uma reunião de avaliação e apresentarão um relatório à faculdade/universidade.

A reunião de avaliação incluirá

1 . Com base nos contributos dos HOD e dos estudantes (através do líder dos estudantes) e das faculdades superiores (através do líder do ensino), o líder académico elaborará o seu relatório para consideração nas reuniões de avaliação e elaborará um relatório consolidado para o Conselho Conjunto do Colégio.

2 Qualquer excesso de visão grosseiro deve ser imediatamente objeto de medidas corretivas através do corpo docente do DEAN, por intermédio do responsável académico.

Avaliação / Revisão do Programa:

Através de 3 reuniões de avaliação académica, como se segue

A. Avaliação Pré-Semestre:

Antes do início do semestre/período letivo:

Agenda:

Fazer o ponto da situação da preparação para as necessidades académicas futuras, incluindo:

1. Tema da aula teórica / LRM / professor
2. Clínicas/Práticas - Semestre e por professor (horário semanal)
3. Planeamento das avaliações internas, incluindo a saída de pessoal e a nomeação de professores
4. Utilização de T-L especiais, como os horários integrados de ensino, etc.

B. Avaliação a meio do semestre:

Ao fim de 3 meses:

Agenda:

Acompanhar a evolução da dispensa de currículo

1. Rever a eventual falta de aulas/clínicas
2. Disponibilidade/necessidade de aulas extra/clínicas

C. Avaliação pós-semestre:

No final do período letivo e antes do início do semestre/período letivo seguinte:

Agenda:

1. Revisão do curso - dificuldades e problemas
2. Revisão dos recursos de TL e necessidade de atualização, se for caso disso.
3. Rever a recomendação do programa de garantia da qualidade académica.

Papel e critérios de seleção das pessoas-chave

Chumbo	Função / atribuição	Critérios de seleção (aleatórios)	Observações
Estudante: Sala de aula:4 Lote para clínicas:4	1. Obter o Performa para avaliação das turmas preenchidas pelos alunos. Frequência: Após a conclusão de cada um dos tópicos principais/sistema/mensalmente 2. Submeter o Performa aos responsáveis pela educação	1. Demonstrou alguma inclinação especial para o assunto - projeto ICMR, etc. 2. Já manifestaram preocupações sobre o assunto. 3 Na medida do possível, rodar O aluno lidera no final de cada ponto de marcação. 4 Ter diferentes líderes de alunos para diferentes disciplinas	1 Na medida do possível, o "líder dos alunos" será cego para os professores, exceto para o "líder da educação". 2 Certificação por ser "aluno líder" no final do período.
Liderança na educação UG PG	1. Recolha atempada do Performa. 2. Sugestões para um maior reforço do ensino das matérias	1 . Formação básica em MET. 2 Papel e publicações 3 Suscitaram preocupações sobre o assunto 4 Não deve ser o diretor-geral, mas deve ser consultado pelo diretor-geral	1. Serão totalmente independentes do relatório HOD / avaliações académicas. 2. cartas de agradecimento e observações/referências no formulário de avaliação

Académico	1. Seleção do responsável pela educação 2. Seleção do líder dos estudantes e do líder da educação. 3. Fazer a revisão de cada matéria com o EL , numa base regular. 4. Análise intercalar Discutir com a avaliação académica - os pontos fracos e planear as medidas adequadas 5. Análise a posteriori: Plano de implementação de todas as sugestões viáveis para reforçar o ensino das disciplinas 6. Juntamente com o EL, preparar um relatório consolidado a enviar à Universidade no final do período letivo.	Conforme nomeado pela Universidade	Tratar de quaisquer questões urgentes, especialmente no que se refere a deficiências graves, com o reitor/diretor para correcções imediatas.

Aplicação do programa:

1. Os encarregados de educação identificam os marcadores periódicos/temáticos/da área central e das competências, para o ponto de avaliação. Ao chegar ao ponto de avaliação, o chefe de fila do aluno efectua a avaliação através da "ficha de avaliação do aluno" prescrita.
2. O chefe de fila do aluno analisa e apresenta a sua avaliação no formato prescrito ao chefe de fila do ensino. O chefe de fila do aluno deve apoiar-se em brochuras informativas e no programa de estudos
3. O encarregado de educação do aluno deve identificar qualquer lapso importante e informar o encarregado de educação o mais rapidamente possível.
4. O responsável pedagógico controla a atribuição do papel de responsável pelos alunos.
5. O responsável pedagógico deve preparar o relatório pormenorizado do progresso intercalar/pós-termo. Por tópicos e por lotes e apresentar ao responsável académico
6. O responsável académico discutirá o mesmo nas avaliações académicas
7. O diretor académico e o diretor pedagógico preparam um relatório por disciplina sobre o programa de garantia da qualidade académica no final do período letivo e apresentam-no à universidade através de uma reunião conjunta do conselho universitário.

Utilização do programa:

1. Reforço académico e necessidades de improvisação e utilização de LRMs adequados para atingir eficazmente os objectivos educativos.
2. Contribui para os conselhos académicos / conselhos de administração através dos conselhos das faculdades para a revisão/reestruturação do currículo.

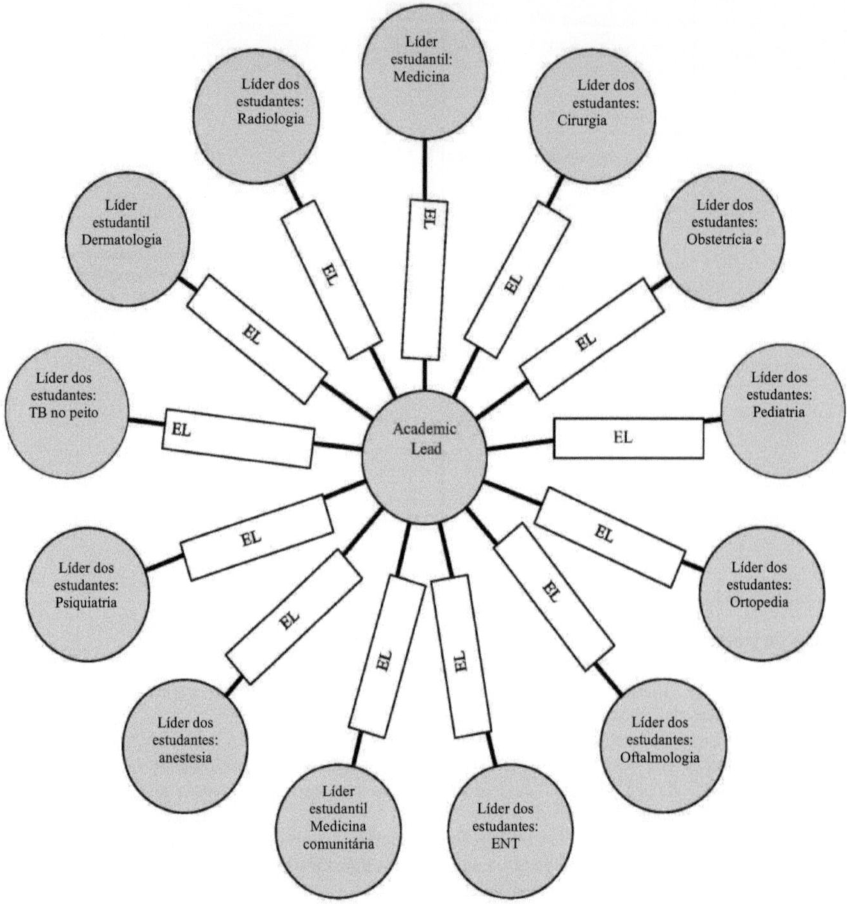

Programa de Garantia da Qualidade Académica

Formato - Desenhos para a avaliação académica Contributos do departamento:

Departamento de ________________

De: Para

Licenciados:

Para o pré-termo :

Lote/Semestre	Total de aulas teóricas a realizar	Total de clínicas a realizar (em semanas)	Ensino integrado a realizar (com data)

Objetivo mensal de conclusão do programa de estudos em função da percentagem	
I	
II	
III	
IV	
V	
VI	

Para o meio termo :

Lote/Semestre	Total de aulas teóricas realizadas	Total de clínicas realizadas (em semanas)	Ensino integrado realizado (com data)	% do programa total coberto	Atraso residual (se existir)

Para a pós-período:,

Lote/Semestre	Total de aulas teóricas realizadas	Total de clínicas realizadas (em semanas)	Ensino integrado realizado (com data)	% do programa total coberto	Atraso residual (se existir)

Utilização de TLR

N.º total de horas de ensino:

TLR	Principais domínios abrangidos	% do programa de estudos atribuído	% do programa coberto
Aulas didácticas			

Ensino integrado			
Tutoriais			
Seminários			
Discussões em grupo			
PBL			
Clínicas			
OSCE/OSPE			
Outros			

Pós-graduados

Clínicas/ Práticas /demo		Seminário		Clube de Jornal		Didática/ Outro ensino		CME / Workshop	
Proposta	Detido	Proposta	Detido	Proposta	Ajuda	Propor d	Hel d	Proposta	Detido

Para a avaliação pré-termo, intermédia e pós-termo:
Para uma avaliação intercalar e posterior:

Nome do estudante	Prazo	Progresso da tese	Livro de registo	Cartaz	Oral	Publicação

Garantia de participação

Docentes		
Nome	% de aulas assistidas	Desempenho académico

Estudante

Nome	% de aulas assistidas	Desempenho académico

Assinatura do diretor:
Nome: Data:
Formato de entrada para
Avaliação qualitativa do programa (Teoria): Estudante UG
(A efetuar no Ponto de Marcação identificado pelo responsável pela educação),
Tópico/área central:

S.N.	Área de incidência	Assinalar de acordo com o nível de desempenho						Observações
1.	Objectivos de aprendizagem	Identificação	5	4	3	2	1	
2	Preparação dos temas	Satisfação	5	4	3	2	1	
3	Recursos didácticos	Ajudas utilizadas	5	4	3	2	1	
4	Discurso	Clareza e articulação	5	4	3	2	1	
5.	Atribuição de tempo	Adequação	5	4	3	2	1	
6	Interatividade	Adequação	5	4	3	2	1	
7	Compreensão	Profundidade de conhecimento	5	4	3	2	1	
8	Formação de competências (sempre que aplicável)	Capacidade de efetuar	5	4	3	2	1	
9.	Infra-estruturas	Adequação	5	4	3	2	1	
10.	Objectivos de aprendizagem	Realização	5	4	3	2	1	

Nome do estudante:
N.º de registo do aluno:
N.º de aulas frequentadas:

A apresentar ao chefe de fila dos alunos.

Avaliação qualitativa (Clínicas/ Práticas) : Estudante UG (A efetuar nos pontos de marcação identificados pela EL)

Lançamentos práticos/clínicos:

S.N.	Área de incidência		Assinale uma opção de acordo com o desempenho				
1.	Objectivos de aprendizagem	Identificação	5	4	3	2	1
2	Disponibilidade de casos clínicos	Adequação	5	4	3	2	1
3	Pontualidade das clínicas	Adequação	5	4	3	2	1
4	Demonstração de técnicas/exames, etc.	Clareza e Articulação	5	4	3	2	1
5.	Escrever um diário	Monitorização / controlo em tempo real	5	4	3	2	1
6	Interatividade	Adequação	5	4	3	2	1
7	Compreensão	Capacidade	5	4	3	2	1
8	Formação de competências	Capacidade de efetuar	5	4	3	2	1
9.	Infra-estruturas	Adequação	5	4	3	2	1
10.	Objectivos de aprendizagem	Realização	5	4	3	2	1

Nome do estudante:

N.º de registo do aluno:

N.º de clínicas frequentadas:

A apresentar ao responsável pelos estudantes

Avaliação qualitativa (Ensino/Formação de pós-graduação) : Estudante de pós-graduação (A efetuar semanalmente)

S. Não.	Área de incidência	Tópico/Competência (Identificar sempre que possível)	Nível	Assinalar como nível de desempenho				
1.	Objectivos de aprendizagem		Identificação	5	4	3	2	1

2.	PG Ensino/Aprendizagem		Adequação	5	4	3	2	1
3	Disponibilidade de material clínico		Satisfação	5	4	3	2	1
4.	Casos clínicos		Adequação	5	4	3	2	1
4	Seminário		Adequação	5	4	3	2	1
5.	Clube de revistas		Adequação	5	4	3	2	1
6	Interatividade		Adequação	5	4	3	2	1
7	Compreensão		Adequação	5	4	3	2	1
8	Oportunidades de formação de competências		Adequação	5	4	3	2	1
9.	Infra-estruturas		Adequação	5	4	3	2	1
10.	Objectivos de aprendizagem		Realização	5	4	3	2	1

Assinatura:
Nome do aluno:
N.º de clínicas/ensino frequentadas;
A apresentar semanalmente ao responsável pelos estudantes de PG
Avaliação qualitativa (sala de aula) : Líder dos estudantes UG
Tópico/área central:

S.N.	Área de incidência	Pontuação média numa escala de 5 pontos Após a avaliação da ficha de nível de desempenho dos alunos		Fraquezas/Problemas	Pontos fortes/ Para ser utilizado também por outros	Observação
1.	Objectivos de aprendizagem	Identificação				
2	Preparação dos temas	Satisfação				
3	Recursos didácticos	Ajudas utilizadas de forma adequada				

4	Discurso	Clareza e Articulação				
5.	Atribuição de tempo	Adequação				
6	Interatividade	Adequação				
7	Compreensão	Capacidade				
8	Formação de competências	Confiança para atuar				
9.	Infra-estruturas	Adequação				
10.	Objectivos de aprendizagem	Realização				

Nome do estudante:
N.º de registo do estudante: Lote: Termo:
Assinatura: ____________________ data:
A apresentar ao Diretor Pedagógico.
Avaliação qualitativa (clínica/prática): Líder dos estudantes UG
Lançamentos clínicos:

S.N.	Área de incidência	Pontuação média numa escala de 5 pontos após a avaliação da ficha dos alunos		Fraquezas/Problemas	Pontos fortes/ Para ser utilizado também por outros	Observação
1.	Objectivos de aprendizagem	Identificado				
2	Disponibilidade de serviços clínicos casos	Satisfatório				
3	Pontualidade das clínicas	adequado				
4	Demonstração de técnicas/exame, etc.	Claro e fácil de seguir				
5.	Escrever um diário	Controlo em tempo real				

6	Interatividade	Suficiente				
7	Compreender	Capaz de compreender				
8	Formação de competências	Será capaz de efetuar				
9.	Infra-estruturas	Adequado				
10.	Objectivos de aprendizagem	Met				

Nome do estudante:
N.º de registo do aluno:
Lote - Do número de registo até
A apresentar ao responsável pela educação até ao final do destacamento clínico (3 dias)
Avaliação qualitativa para pós-graduados: Líder de estudantes de pós-graduação

S.N.	Foco área	*Tópico/competência (identificar sempre que possível)*	*Pontuação em termos de escala de 5 pontos*		*Fraqueza/ Problemas*	*Pontos fortes/ Para ser utilizado também por outros*
1.	Objectivos de aprendizagem		Identificação			
2.	PG Ensino/Aprendizagem		Adequação			
3	Disponibilidade de Material clínico		Satisfação			
4.	Casos clínicos		Adequação			
4	Seminário		Appropriateness			
5.	Clube de revistas		Apropriaçãoss			
6	Interatividade		Adequação			
7	Compreensão		Adequação			
8	Oportunidades de formação de competências		Adequação			
9.	Infra-estruturas		Adequação			

10.	Objectivos de aprendizagem		Realização			

Assinatura:
Nome do aluno: (Cada disciplina durante 1 período / 6 meses ou até ao ponto de avaliação) A apresentar mensalmente ao diretor pedagógico da PG
Líder em educação (UG): Entrada de teoria
Assunto: _______________ Lote _____ Semestre

S.N.	Área de incidência:	Pontuação em termos de 5 pontos	Observação/observação
1.	Objectivos de aprendizagem		
2	Preparação dos temas		
3	Ensino Recursos		
4	Discurso		
5.	Atribuição de tempo		
6	Interatividade		
7	Compreensão		
8	Formação de competências		
9.	Infra-estruturas		
10.	Objectivos de aprendizagem		

Utilizar uma folha separada para o relatório pormenorizado/recomendação
Nome : ____________________
Assinatura: ________________
Data: _________________________
A apresentar ao responsável académico:
Antes da reunião intercalar e pós-período de avaliação académica
Responsável pedagógico (UG): Entrada clínica
Lançamentos clínicos:

S.N.	Área de incidência	Pontuação média numa escala de 5 pontos	Observação/observação
1.	Objectivos de aprendizagem		
2	Disponibilidade de casos clínicos		
3	Pontualidade das clínicas		

4	Demonstração de técnicas/exames, etc.		
5.	Escrever um diário		
6	Interatividade		
7	Compreensão		
8	Formação de competências		
9.	Infra-estruturas		
10.	objectivos de aprendizagem		

Nome : ____________________

Assinatura: ________________

Data: _________________________

Utilizar uma folha separada para o relatório pormenorizado / recomendação

A apresentar ao responsável académico

Após a conclusão de cada destacamento clínico. (no prazo de 7 dias)

Diretor pedagógico (PG): Entrada para o ensino pós-graduado

S.N.	Área de incidência	Observações / Notas
1.	Actividades de PG	
2	Disponibilidade de material clínico	
3.	Objectivos de aprendizagem	
4.	Casos clínicos	
4	Seminário	
5.	Clube de revistas	
6	Interatividade	
7	Compreensão	
8	Oportunidades de formação de competências	
9.	Infra-estruturas	
10.	Objectivos de aprendizagem	

Assinatura:

Nome :

Utilizar uma folha separada para o relatório pormenorizado/recomendação

Apresentar ao diretor académico, de 3 em 3 meses, para análise intercalar e pós-período.

Entrada do responsável académico
Assunto:

	Licenciatura	Pós-graduação	Observações	Recomendações
Objectivos de aprendizagem				
Disponibilidade de recursos de aprendizagem				
Disponibilidade de material clínico				
Materiais de auto-aprendizagem				
Utilização de TLR				
Actividades de PG				
Oportunidades de formação de competências				
PG Participação dos professores				
Disponibilidade de infra-estruturas / equipamentos				
Realização dos objectivos de aprendizagem				

Assinatura:
Nome:
Instituição:
Data:
Alterações adoptadas na versão 1.0
1.
Todos os HODs / professores e responsáveis pela educação, que, para promover a eficácia do Programa de Avaliação Académica, deve ser adotado o seguinte sistema

1. Com base na análise dos pontos de referência efectuada pelos responsáveis educativos, estes devem elaborar um relatório sobre as medidas tomadas
2. Este relatório deve ser partilhado com o HOD e todos os docentes.
3. Todas as acções e intervenções necessárias a nível dos serviços devem ser imediatamente empreendidas.
4. Além disso, todas as acções que digam respeito a autoridades superiores devem ser remetidas para intervenção posterior.
5. O ATR preenchido deve ser afixado no quadro de avisos, o mais tardar 10 dias após a data do marcador

point.
Convocador
AcAP
11:

Chama-se a atenção de todos os HODs / professores e responsáveis pela educação para o facto de que, para promover a eficácia do programa de avaliação académica, deve ser adotado o seguinte sistema

O nome, o número de registo e quaisquer outros dados do aluno serão eliminados dos formulários de feedback dos alunos.

Programa de Avaliação Académica: Versão 2.0 /2013

A auditoria do Programa de Avaliação Académica foi realizada em março de 2013, entre os [dias] 9 e 20. A partir dos pontos observados/sugeridos pelo comité, a questão foi discutida em cada instituição e, após a incorporação das alterações necessárias para um maior reforço do programa, segue-se a versão actualizada, a ser implementada [a] partir de 1 de julho de 2013.

Missão:

"O processo de avaliação garantirá e melhorará a qualidade do ambiente académico no instituto.

A avaliação académica será responsável pela supervisão da qualidade, bem como pela implementação, gestão e acompanhamento dos programas/cursos educativos institucionais.

Plano de ação:

A garantia da qualidade académica será assegurada através de
"Programa de avaliação académica":

Objetivo: Assegurar que os programas académicos são realizados em consonância com a política da universidade; sugerir e incorporar medidas para reforçar a qualidade do ensino e dos académicos ao nível da licenciatura e da pós-graduação,

Objectivos:

1. Saber se os objectivos educativos e de aprendizagem estão bem definidos e são compreendidos pelas partes interessadas
2. Saber se os professores identificam as áreas fundamentais de competência em cada disciplina.
3. Saber se é adotado e praticado o ensino orientado para a consecução dos objectivos de aprendizagem/educacionais/competências.
4. Identificar se as TLR utilizadas são adequadas e apropriadas para atingir estes objectivos
5. Conhecer as dificuldades enfrentadas pelos alunos na compreensão e na aquisição das competências/competências necessárias.
6. Adotar a incorporação de modalidades de ensino favoráveis aos estudantes.
7. Identificar os pontos fracos e fortes do currículo e fazer recomendações adequadas.
8. A utilizar como "documento de base" para a análise SWOT
9. No futuro, será utilizado para o desenvolvimento de um sistema de pontuação baseado no crédito.

Introdução:

Este modelo de avaliação qualitativa é proposto para obter um "feedback direto e imparcial centrado no aluno" relativamente à qualidade e à garantia das actividades de ensino/académicas realizadas na disciplina no instituto e analisá-las para uma melhoria contínua global.

Pessoas-chave:

Nível institucional:

1: Representante dos estudantes para cada lote
2. "Responsável pedagógico" da disciplina (professor sénior)
3. "Responsável Académico": Vice-Reitor (Académico)

Nível universitário:

Célula de avaliação académica: Membros de todos os líderes académicos e convocador por rotação

O Responsável pela Convocação é membro da Célula Interna de Garantia da Qualidade

O "responsável académico" deve ser membro da célula de avaliação académica (autónomo com direito de visita e/ou chamada)

Realizarão uma reunião de avaliação e apresentarão um relatório à faculdade/universidade.

A reunião de avaliação incluirá

1 . Com base nas contribuições dos HOD e dos estudantes (após discussão com o representante dos estudantes) e das faculdades superiores (através do responsável pela educação), o responsável académico elaborará o seu relatório para consideração nas reuniões de avaliação e elaborará um relatório consolidado para o Conselho Conjunto do Colégio.

2 Qualquer excesso de visão grosseiro deve ser imediatamente objeto de medidas corretivas por parte do HOD e, se necessário, do DEAN.

Avaliação/revisão de programas:

Cada responsável pela educação avaliará o programa através de revisões calendarizadas

Através de

3 Reunião de avaliação académica como segue

Avaliação Pré-Semestre:

Antes do início do semestre/período letivo: Isto tem de ser feito através do HOD e considerar todas as correcções relevantes de acordo com o último relatório pós-período.

Agenda:

Fazer o balanço da preparação para as necessidades académicas futuras, incluindo:

1. Tópico da aula teórica / LRM / professor
2. Clínicas/Práticas - Semestre e por professor (horário semanal)
3. Planeamento das avaliações internas, incluindo a saída de pessoal e a nomeação de professores
4. Utilização de T-L especiais, como os horários integrados de ensino, etc.

Avaliação a meio do semestre:

No final de 3 meses: este relatório deve ser partilhado com o HOD e deve ser elaborado regularmente um relatório sobre as medidas tomadas, que deve ser afixado no quadro de avisos e nos quiosques.

Agenda:

Acompanhar a evolução da dispensa de currículo

1. Rever a eventual falta de aulas/clínicas
2. Disponibilidade/necessidade de aulas extra/clínicas

Avaliação pós-semestre:

No final do período letivo e antes do início do semestre/período letivo seguinte:

Esta questão será debatida e partilhada com todos os membros do corpo docente e com os HOD e ATR e será implementada para todas as correcções necessárias no próximo período.

Agenda:

1. Revisão do curso - dificuldades e problemas
2. Revisão dos recursos de TL e necessidade de atualização, se for caso disso.
3. Rever a recomendação do programa de garantia da qualidade académica.

Papel e critérios de seleção das pessoas-chave

Chumbo	Função / atribuição	Critérios de seleção (aleatórios)	Observações
Alunos: Sala de aula:4 Lote para clínicas:4 Representante dos estudantes	1. Obter o Performa para avaliação das turmas preenchidas pelos alunos. Frequência: Após a conclusão de cada um dos principais tópicos/sistemas/mensalmente 2. Apresentação do formulário aos responsáveis pela educação 1 aluno do lote a quem será pedido que coordene com o EL sempre que necessário	1. Mostraram uma inclinação especial para o assunto - projeto ICMR, etc. 2. Ter levantado questões relacionadas com o tema. 3 Na medida do possível, rodar O aluno lidera no final de cada ponto de marcação. 4 Ter diferentes chefes de alunos para diferentes disciplinas Ter levantado questões relacionadas com as disciplinas	1 Na medida do possível, o "líder dos alunos" será cego para os professores, exceto para o "líder da educação". 2 Certificação por ser "aluno líder" no final do período.

Diretor pedagógico UG PG	1. Recolha atempada do Performa. 2. Sugestões para um maior reforço do ensino das matérias	1. Formação básica em MET. 2 Papel e publicações 3 Não deve ser o Diretor-Geral, mas será em consulta com o Diretor-Geral	1. Serão totalmente independentes do relatório HOD / avaliações académicas. 2 Cartas de agradecimento e observações/encaminhamento no formulário de avaliação
Académico	1. Seleção do responsável pela educação 2. Seleção do líder dos estudantes e do líder da educação. 3. Fazer a revisão de cada matéria com o EL , numa base regular. 4. Análise intercalar Discutir com a avaliação académica - os pontos fracos e planear as medidas adequadas 5. Análise a posteriori: Plano de implementação de todas as sugestões viáveis para reforçar o ensino das disciplinas 6. Juntamente com o EL, preparar um relatório consolidado a enviar à Universidade no final do período letivo.	Conforme nomeado pela Universidade	Tratar de quaisquer questões urgentes, especialmente no que diz respeito a deficiências graves, com o reitor/diretor para correcções imediatas.

Aplicação do programa:

A. Programa de sensibilização a realizar no início de cada período letivo pelo responsável pela educação/responsável académico de cada lote.

B.

1. Os responsáveis pela educação (em consulta com HOD) identificam os marcadores periódicos/temáticos/da área central e das competências, para o ponto de avaliação. Ao atingir o ponto de avaliação,
2. Os escriturários do Depto. Os funcionários efectuam a avaliação através da "ficha de avaliação do aluno" prescrita, na sala de aula, de todo o grupo de uma só vez.
3. À medida que os pontos de marcação forem sendo avaliados, os responsáveis pela educação apresentarão o relatório aos responsáveis académicos e aos HODs para as intervenções necessárias. Os responsáveis académicos devem apresentar o relatório em cada conselho universitário.
4. Do mesmo modo, o diretor pedagógico deve preparar o relatório pormenorizado do progresso intercalar/pós-termo. Por tópicos e por lotes e apresentar ao responsável académico
5. O responsável académico discutirá o mesmo nas ordens de trabalhos das avaliações académicas no Conselho Universitário
6. O responsável académico e o responsável pela educação prepararão um relatório por disciplina do programa de garantia da qualidade académica no final do período e submetê-lo-ão à Universidade através da reunião trimestral do IQAC.
7. O Responsável pela Convocação do PAA deve elaborar um relatório anual a apresentar ao conselho académico para as medidas necessárias.

Utilização do programa:

1. Reforço académico e necessidades de improvisação e utilização de TLR adequados para atingir eficazmente os objectivos educativos.
2. Contribui para os conselhos académicos / conselhos de administração através dos conselhos das faculdades para a revisão/reestruturação do currículo.

Garantia de participação Estudante

Nome	% de aulas assistidas	Desempenho académico

Resumo do processo:

* Colocação de pontos de marcação : EL e HOD - Colocar no quadro de avisos: Pré-termo
* Programa de sensibilização : AL/ ELs no início do período letivo
* Avaliação dos pontos de controlo: todos os alunos - sala de aula - secretários de departamento em coordenação com o representante dos alunos.
* Líder da educação - ATR da análise do PM partilhar com HOD e estudantes.
* Responsável pela educação - relatório mensal de acordo com os pontos de referência para o responsável académico
* AL apresenta um relatório mensal aos Conselhos dos Colégios
* Relatórios intercalares e posteriores: El + AL para o CCM
* O responsável pela convocação apresenta um relatório anual ao conselho académico.

Capítulo 4

Um estudo sobre o programa de avaliação académica

Objetivo:

"Estudar o impacto do Programa de Avaliação Académica no curso de licenciatura."

Objectivos:

Estudar o programa de avaliação académica em termos de:

1. Desenvolvimento e incorporações no programa.
2. A implementação, incluindo a adesão aos planos de ensino.
3. O papel e a participação do aluno no programa.
4. Papel e participação do corpo docente.
5. Papel e participação dos administradores/gestores da educação e decisores políticos
6. Observações resultantes da análise dos pontos de referência e medidas tomadas.
7. As dificuldades na implementação efectiva desse programa.
8. Limitações do programa de avaliação académica.
9. Elaborar um conjunto de recomendações para a garantia da qualidade dos processos de ensino na educação médica.

Desenho do estudo:

Um estudo de coorte prospetivo realizado entre 15 de maio de 2013 e 31 de dezembro de 2015, no JNMedical College, Datta Meghe Institute of Medical Sciences (Deemed University), Wardha, que envolveu todos os estudantes universitários que frequentavam o curso MBBS.

Material e método:

Material: O Programa de Avaliação Académica implementado para o curso MBBS na Faculdade de Medicina J.L.N. e os estudantes que o frequentam durante o ano letivo de 2014-15; e os dados extraídos de

a. Formulários de entrada dos alunos e dos responsáveis pela educação sobre os pontos de referência relativos a todas as disciplinas principais
b. Relatórios pré-termo, intercalares, pós-termo e anuais do programa de avaliação académica apresentados aos conselhos da faculdade, ao conselho conjunto da faculdade e ao conselho académico, com medidas corretivas tomadas.
c. Relatórios anuais de -2010,2011,2012,2013,2014
d. Programa de ensino relativo à monitorização das aulas, progressão do programa e resultados; tal como implementado no JNMC para o curso MBBS.
e. Resultados do exame sumativo do CURSO MBBS - I° ano, II° ano, III° Parte I e Parte II.
f. Registo da assiduidade dos alunos e acompanhamento das aulas

Intervenção: O Programa de Avaliação Académica (versão 2.0)

Método: A implementação do AcAP na Faculdade de Medicina de J.N. foi estudada da seguinte forma

1 Recolha de dados de anos anteriores e sua análise.

2 Prospectivamente, na sequência da implementação do AcAP e da recolha de material acima referida para o ano letivo de 2014-2015, em todas as disciplinas principais.

3 Análise dos dados recolhidos acima.

Inclusão: Todas as disciplinas principais (diretamente avaliadas) leccionadas no curso de MBBS - relatórios em que o programa de avaliação académica está implementado e a avaliação do ponto de referência teve lugar entre 1 de julho de 2014 e 30 de junho de 2015.

Exclusão: Relatórios relativos a sujeitos menores (avaliados indiretamente)

Análise dos resultados

"Os dados são analisados estatisticamente em relação aos resultados quantitativos e qualitativos do programa por meio de correlações lineares, como o rácio de probabilidades, e observações emparelhadas por meio do teste T / rácio de estudantes e outros marcadores de análise de qualidade considerados adequados. A significância será obtida ao nível de 5%.

Capítulo 5

Observação e resultados:

Foram revistos e analisados os seguintes documentos/relatórios

- Programa de avaliação académica versões 1.0, 2.0.
- Base de dados de estudantes MBBS, incluindo

o Informações demográficas gerais ,

o Registos de assiduidade, acompanhamento das aulas e progressão do programa de estudos

o Resultados sumativos durante o ano letivo.

- Análise dos pontos de referência - por disciplina - Relatório dos responsáveis pela educação e dos responsáveis académicos.
- Relatórios sobre o programa de avaliação académica entre 1 de julho de 2014 e 30 de junho de 2015 o Relatórios pré-período

  o Relatório intercalar

  o Relatório pós-termo

  o Relatório anual
- Relatórios anuais - dos anos anteriores - 2010 ,2011, 2012 ,2013 2014

Tabela I: Calendário anual do AcAP

S.N.	Atividade planeada	Pessoa responsável	Data de vencimento	Data de conclusão
1	1º Relatório Pré-Termo	EL	30 de junho de 2014	29 de junho de 2014
2	1º Relatório intercalar	EL	30 de setembro de 2014	26 de setembro de 2014
3	1º Relatório pós-período	EL	15 de outubro de 2014	2Nov2014
4	ATR sobre a intervenção para HOD	AL	30 de setembro de 2014	26 de setembro de 2014
4	IInd Relatório pré-termo	EL	30 Out2014	2 de novembro de 2014
5	IInd Relatório intercalar		7Fev. 2015	6 de fevereiro de 2015
6	IInd Relatório pós-período	EL	15 de junho de 2015	4 de junho de 2015
7	Intervenção ATR para HOD	AL	30 de junho 2015	29 de junho de 2015
8	Apresentação do relatório ao Conselho Superior Paritário	Convocador AcAP	Trimestral - julho, Out, 2014 Jan , Abril2015	2 de julho de 2015 4 de novembro de 2015 7 de janeiro de 2015 18 de abril de 2015
9	Apresentação do relatório anual ao Conselho Académico	Convocador AcAP	Jan. 2015 , 16	4 de janeiro de 2015 7 de janeiro de 2016

Resultado: Em 7 das 9 actividades-chave não se registaram atrasos. O atraso é imputável às férias de inverno.

Em média, todos os relatórios foram apresentados 2,5 dias antes do prazo.

Gráfico 1: Cumprimento dos horários AcAP

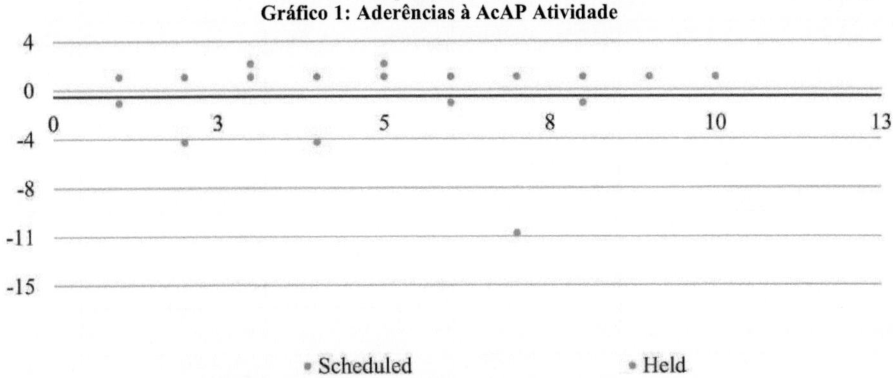

Quadro II. Informações gerais sobre os estudantes admitidos

Ano	N.º de alunos	Masculino	Feminino
2015	200	78	122
2014	200	82	118
2013	200	84	116
2012	150	75	75
2011	200	81	119
	950	400	550

Resultado: O rácio de homens e mulheres é de 58:42. A comunidade estudantil no JNMC no curso de MBBS é predominantemente feminina.

Gráfico 2: Análise da informação geral dos alunos

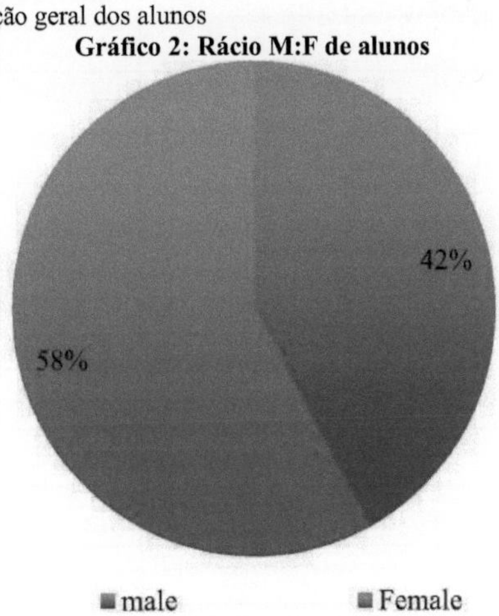

Assunto	N.º total de horas	N.º total de horas de dietética	N.º de horas Outra modalidade de ensino

Anatomia	650	210	440
Fisiologia	480	160	320
Bioquímica	240	80	160
Patologia	300	160	140
Microbiologia	250	120	180
Farmacologia	300	120	180
Medicina Legal	100	40	60
Medicina comunitária	238	138	376
Oftalmologia	280	100	180
Ent	214	70	144
Medicina Geral e Familiar	768	300	468
Cirurgia geral	768	300	468
Obstetrícia e Ginecologia	768	300	468
Pediatria	300	110	190

Resultado: O número mais elevado de horas de ensino é para a Medicina Geral, a Cirurgia Geral e a Obstetrícia e Ginecologia, com 768 horas. O menor número de horas é para Medicina Legal e Toxicologia, 100 horas. Este número está em conformidade com as normas do Conselho Médico da Índia.

Quadro IV. N.º de pontos de marcação (PM) (por tema)

S.N.	Assunto	1º TRIMESTRE		TERMO DO IIND		TOTAL Nº.
		Teoria	Prático	Teoria	Prático	
1	Anatomia	3	3	2	2	10
2	Fisiologia	2	2	2	2	8
3	Bioquímica	2	2	1	2	7
4	Medicina comunitária	5	5	2	1	13
5	Patologia	9	4	4	2	19
6	Microbiologia	2	3	2	1	8
7	Farmacologia	6	2	3	2	13
8	Medicina Legal	2	2	1	1	6
9	Oftalmologia	3	1	2	1	6
10	Ent	3	1	2	1	6
11	Medicina Geral*	7	2	3	1	13

12	Cirurgia geral**	4	2	5	1	12
13	Obstetrícia e Ginecologia	6	1	3	1	12
14	Pediatria	6	1	2	1	10
						143

Resultado: Os MP em Patologia são no máximo 19 e no mínimo 6 em FMT, EYE & ENT. A Patologia colocou o seu MP, com base no tópico chave completado, em termos de sistema, e não no número de horas de ensino, daí que sejam mais. O padrão de colocação de MP em todas as disciplinas está de acordo com as diretrizes do programa, em que um mínimo de 1 MP deve ser colocado após 20 horas ou após a conclusão de um determinado tema/tópico ou ganho de competência específica.

Gráfico 3 : Correlação entre o n.º de horas de Ensino e MP

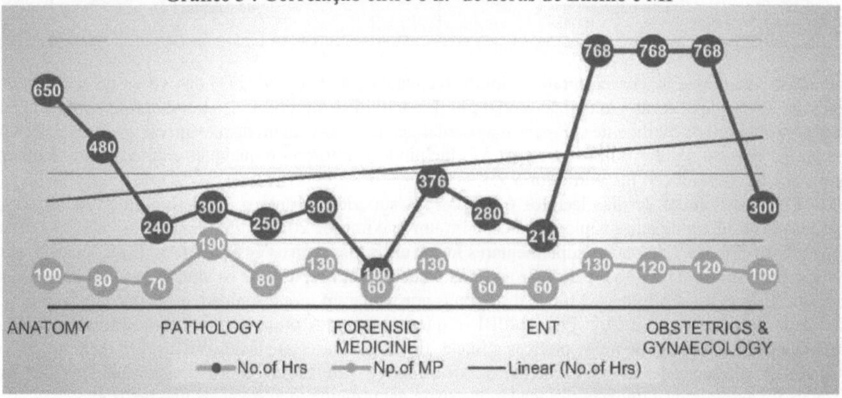

Tabela No.Va: Monitorização de aulas: N.º de aulas previstas Vs realizadas

Atividade de ensino	Planeado&Monitorizado	Detido	%
Classes	5017	4960	98.86
Práticas/clínicas	3289	3274	99.54

Tabela No.Vb: Monitorização das aulas: Aulas não realizadas:

	N.º total de Não detidos	Estudante Presente Professor ausente	Estudante Professor ausenteP resente	Estudante Ausente Professor ausente	Apenas participantes	Teste do Qui-Quadrado
Classes	57	47	0	0	10	Qui-quadrado 24.018[a]
Práticas/clínicas	15	7	0	0	8	Assem. Sig. .000

Quadro nº Vc: Monitorização de aulas : Aulas de recuperação realizadas

	Aulas regulares	Com base na revisão do AcAP						
	Compensatório	Deficiências	Reforços	Total	%			
Classes	57	26	15	98	1.95%	Qui-quadrado de Pearson	196.000[a]	.000
Práticas / Clínicas	15	18	10	43	1.30	Qui-quadrado de Pearson	86.000[a]	.000

Resultados: As aulas e as clínicas/práticas foram realizadas 98,86% e 99,54% das vezes de acordo com o calendário. A principal razão para a não realização das actividades prendeu-se com os professores. O ensino de recuperação poderia facilmente compensar as perdas académicas e, além disso, superar qualquer deficiência apontada na revisão regular do programa AcAP, incluindo o reforço de qualquer conhecimento. Embora a procura de tal compensação fosse inferior a 1%.

Como o número de dias lectivos é quase 15% superior durante o ano letivo em apreço, todas as disciplinas dispunham de aulas suplementares, com um máximo de 20% em Medicina e um mínimo de 10% em quase 8 disciplinas. Estas aulas suplementares foram utilizadas para os ensinamentos de recuperação acima referidos, para aulas de revisão e para o programa de ensino com capas para os alunos que voltaram a passar de ano nas diferentes disciplinas. Muitas disciplinas aproveitaram a oportunidade para introduzir uma nova modalidade de ensino que incluía PBL, MPBL e questionários. A proporção de aulas compensatórias, de deficiência e de reforço e de aulas práticas/clínicas foi analisada estatisticamente através do teste do Qui-Quadrado. A diferença foi estatisticamente significativa ($p<0,05$). Isto indica que a qualidade das aulas realizadas foi assegurada e que a perda académica se deveu principalmente a aulas não realizadas.

Gráfico 4:
Atividade académica

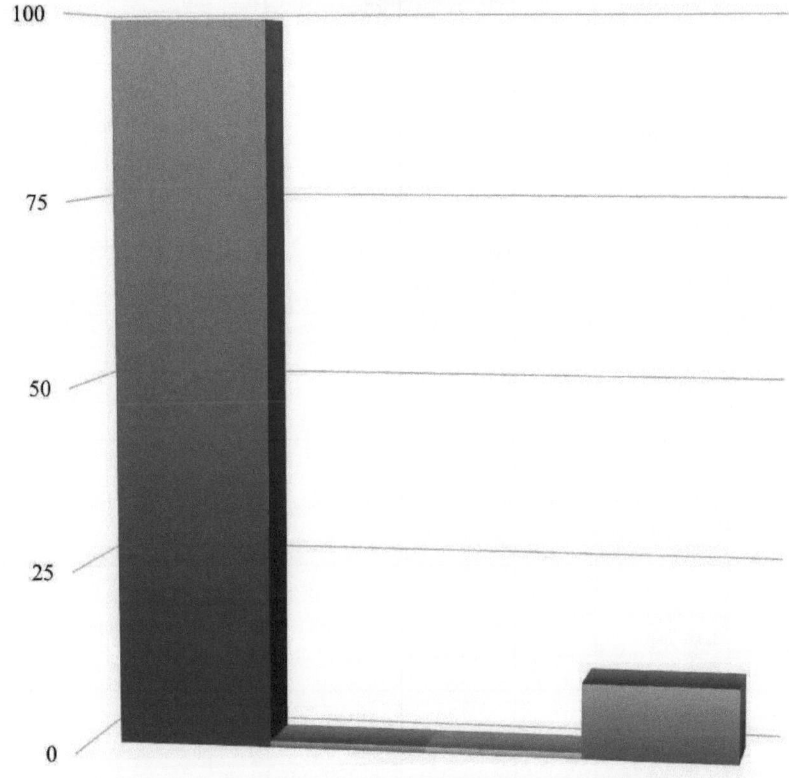

Regular- 99.13% ; Compensatory- 0.86 % ; AcAP Influenced-0.83% & CTP- 10.29 %

Tabela n.º VI - Progressão do programa de estudos por disciplina / período (em %)

Ano	Assunto		1 DE JULHO A 31 DE OUTUBRO			15 DE NOVEMBRO 30 DE JUNHO	
		Início uP	Progresso esperado	Progresso real	Iniciar uP	Esperado Ião de progresso	Progressão real
1º ano	ANATOMIA	0	40%	48%	40	100	100 + 10%

	FISIOLO GY	0	40%	48%	40	100	100+ 12%
	BIOQUÍMICA ESTRITA	0	40%	52%	40	100	100+15%
Ilnd Ano1	PATOLOGIA Y-	70	100	100+10%	40	70	72%
	MICROBIO- LOGIA -	70	100	100+ 15%	40	70	75%
	OLOGIA FARMACÊUTIC A	70	100	100+ 10%	40	70	75%
	FORENSIC MEDICINA	70	100	100+ 18%	40	70	80%
III rd Ano Parte I*	MEDICINA COMUNITÁRIA	80	100	100+10%	20	50	55%
	OLOGIA DO TALO	70	100	100+10%	30	70	75%
	ENT	70	100	100+10%	30	70	80%
Ano XXI parte II*	GEN.MEDI CINE	80	100	100+20%	60	80	95%

	CIRURGIA GERAL DE EMERGÊNCIA	80	100	100+10%	60	80	85%
	OLOGIA OBSTÉTRICA E GINECOLÓGICA	80	100	100+15%	60	80	85%
	PAEDIATRI CS	80	100	100+10%	40	80	82%

1 Dois lotes - um que termina em novembro e outro que começa em julho.

Resultados: Todas as disciplinas cobriram o programa de estudos previsto e planeado. Os alunos compensaram adequadamente as perdas académicas, planeando aulas de recuperação extra, de acordo com o programa AcAP, para compensar quaisquer deficiências e também para fazer um reforço

Quadro VII A: Pontuações médias por disciplina para cada objetivo

	1	2	3	4	5	6	7	8	9	10	11	12	13	Ave.
Anato my	3.6	3.9	4.2	3.6	4.2	3.6	4.0	4.1	4.3			3.6	3.7	3.89
Fisiologia	3.9	3.8	4.3	3.9	4.3	3.7	4.1	4.1	4.2			3.7	3.9	3.99
Biocombustão	3.7	3.6	4.1	3.6	4.1	3.6	3.9	3.8	4.0			3.6	3.6	3.78
Patologia	4.4	4.1	4.2	3.9	4.2	3.6	4.0	4.0	4.3			3.6	4.1	4.03
Microbiologia	4.1	4.0	4.2	3.9	4.3	3.6	3.9	4.1	4.2			3.5	4.0	3.98
Farmacologia	4.2	4.3	4.4	3.8	4.1	3.7	3.9	4.2	4.4			3.6	4.1	4.01
Forensi c Medici ne	4.4	4.1	4.2	3.9	4.1	3.6	4.1	4.2	4.3			3.7	4.1	4.06
Comunidade Médica	3.9	3.8	4.3	3.9	3.9	3.5	4.0	3.9	4.1			3.6	3.8	3.88
Fitofarmacologia	4.2	4.1	4.3	3.9	4.2	3.9	4.1	4.0		4.4	4.2	3.7	4.0	4.08

Ent	4.3	4.1	4.2	4.0	4.3	3.8	4.1	4.1		4.3	4.2	3.6	4.1	4.09
Medicina Geral e Familiar	4.2	4.1	4.3	3.9	3.9	3.8	3.9	3.9		4.3	4.2	3.6	4.1	4.01
General Su rgery	4.2	4.1	4.3	3.9	4.2	3.9	4.0	4.1		4.3	4.3	3.6	4.0	4.07
Obg&Gyna e.	4.1	4.1	4.2	3.8	3.9	3.7	4.0	4.1		4.3	4.2	3.7	4.1	4.01
Pediatria	4.0	4.1	4.3	3.9	4.1	3.8	4.1	4.1		4.1	4.2	3.6	3.9	4.01
Média	4.08	4.01	4.25	3.85	4.1	3.7	4.0	4.0 5	4.2 2	4.2 2	4.2 1	3.62	3.96	

1	Objetivo de aprendizagem SET
2	Preparação do tema
3	Recursos LRM
4	Fala e Audibilidade
5	Atribuição de tempo
6	Interatividade
7	Compreensão
8	Capacidade de execução - treino psicomotor e de competências
9	Formação prática - Demonstração de técnicas
10	Adequação do material clínico
11	Condução da clínica
12	Infra-estruturas
13	Objetivo de aprendizagem MET

Quadro VII B:

Estatísticas descritivas das pontuações dos objectivos principais						
	N	Mínimo	Máximo	Média	Desvio Std. Desvio	Desvio
Objetivo de aprendizagem SET	14	3.60	4.40	4.0853	.23256	.054
Preparação do tema	14	3.60	4.30	4.0140	.17262	.030
Recursos LRM	14	4.10	4.40	4.2500	.07319	.005
Fala e Audibilidade	14	3.60	4.00	3.8500	.11180	.012
Atribuição de tempo	14	3.90	4.30	4.1267	.13870	.019
Interatividade	14	3.50	3.90	3.7000	.11952	.014
Compreensão	14	3.90	4.10	4.0067	.07988	.006
Capacidade de execuçãoTreino psicomotor e de competências	14	3.80	4.20	4.0500	.11180	.013
Formação práticaDemonstração de técnicas	8	4.00	4.40	4.2244	.11991	.014
Adequação do material clínico	6	4.10	4.40	4.2743	.09289	.009
Condução da clínica	6	4.20	4.30	4.2157	.03735	.001
Infra-estruturas	14	3.50	3.70	3.6213	.05579	.003
Objetivo de aprendizagem MET	14	3.60	4.10	3.9640	.15860	.025

Gráfico 5 A: Correlação entre os objectivos atingidos e referência estabelecida para a norma AcAP

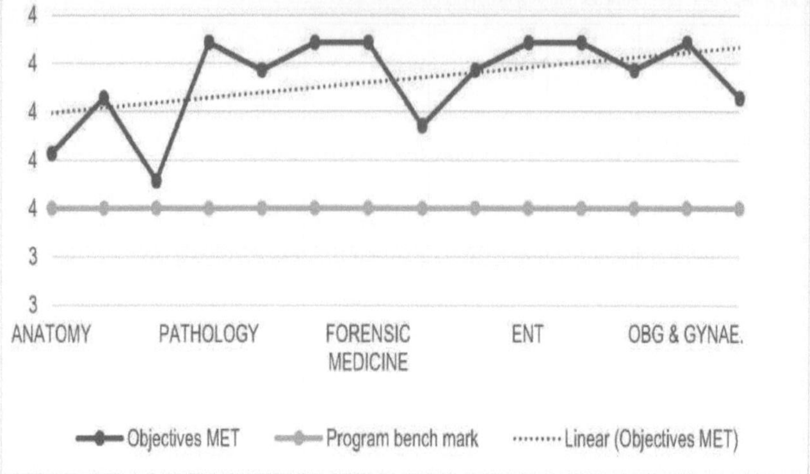

Os objectivos atingidos foram correlacionados com o valor de referência fixado para cada disciplina. A observação mostra que os objectivos atingidos estavam muito acima do valor de referência fixado para todas as disciplinas. No entanto, os objectivos atingidos em 5 disciplinas foram inferiores à média dos objectivos atingidos (3,96)

Gráfico 5 B: Correlação entre as pontuações dos objectivos-chave e as marcas de referência estabelecidas para o AcAP

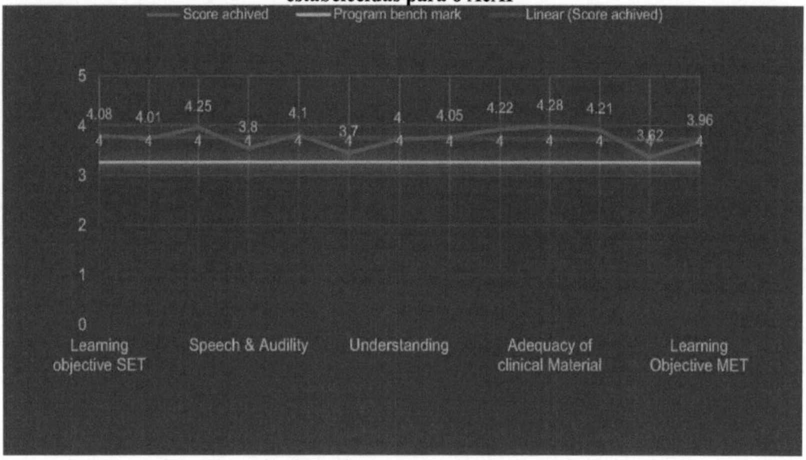

A pontuação média dos objectivos-chave e o conjunto de referência foram correlacionados e representados no gráfico. O gráfico de linhas mostra claramente que a pontuação média dos objectivos-chave foi convenientemente pontuada no estudo, quando comparada com o conjunto de referência. No entanto, a interatividade e as infra-estruturas constituíram uma preocupação constante e obtiveram a pontuação mais baixa entre todas as pontuações dos objectivos.

Gráfico 5 C: Correlação entre os objectivos atingidos e os objectivos fixados

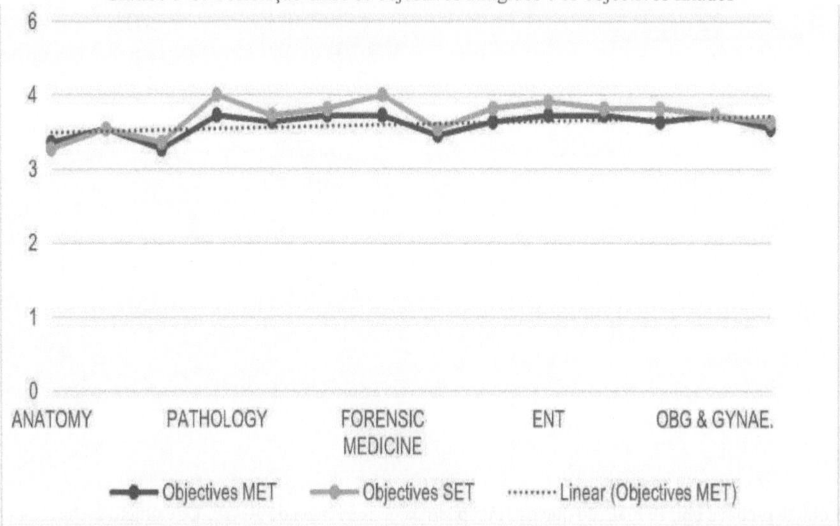

Foi estabelecida uma correlação entre os objectivos definidos e os objectivos alcançados por disciplina. O gráfico mostra que os objectivos atingidos eram muito próximos e comparáveis com o valor médio dos objectivos fixados para cada disciplina. No entanto, a diferença no valor médio do objetivo era significativamente grande em Medicina Legal.

Gráfico 5 D: Correlação entre os objectivos atingidos e o tema Pre paração

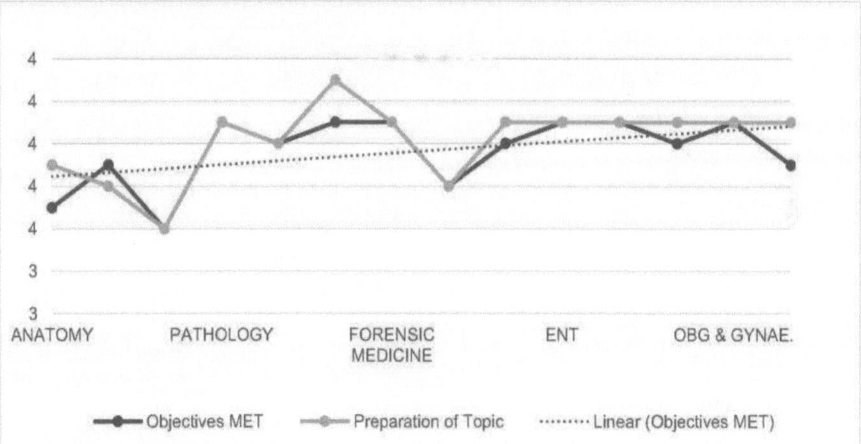

O valor médio da preparação do tópico foi correlacionado com a média do objetivo atingido para todos os sujeitos. O gráfico de linhas revela com precisão que a preparação da correlação do tópico e o objetivo atingido são estreitamente relevantes um para o outro. O valor médio do objetivo atingido sobe e desce paralelamente à preparação do tópico. No entanto, registam-se desvios em algumas disciplinas, que não são significativos.

Gráfico 5 E: Correlação entre os objectivos atingidos e os recursos T-L

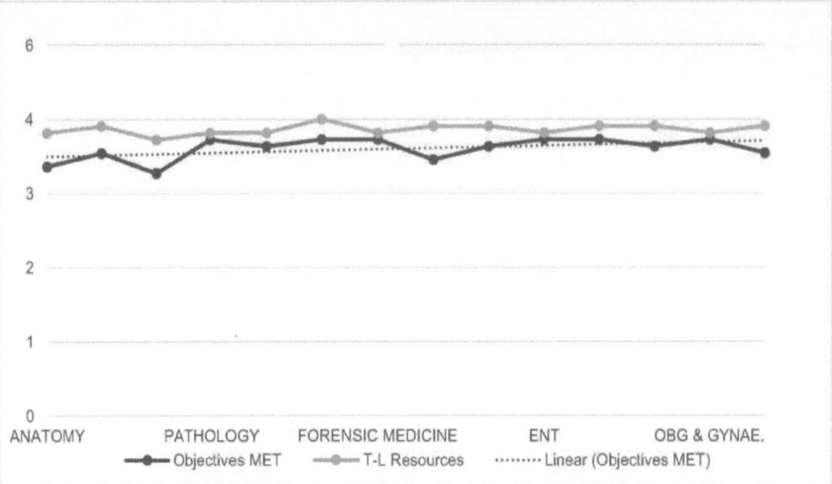

Este objetivo-chave obteve mais do que os 3,5/5 padrões de referência do AcAP. Este objetivo-chave obteve uma pontuação máxima de 4,25. Todas as disciplinas LRM estão bem definidas e estão bem acima da média do objetivo atingido, o que indica que são uma atividade chave de qualidade reforçada

Gráfico 5 F: Correlação entre os objectivos atingidos e o discurso Audibilidade

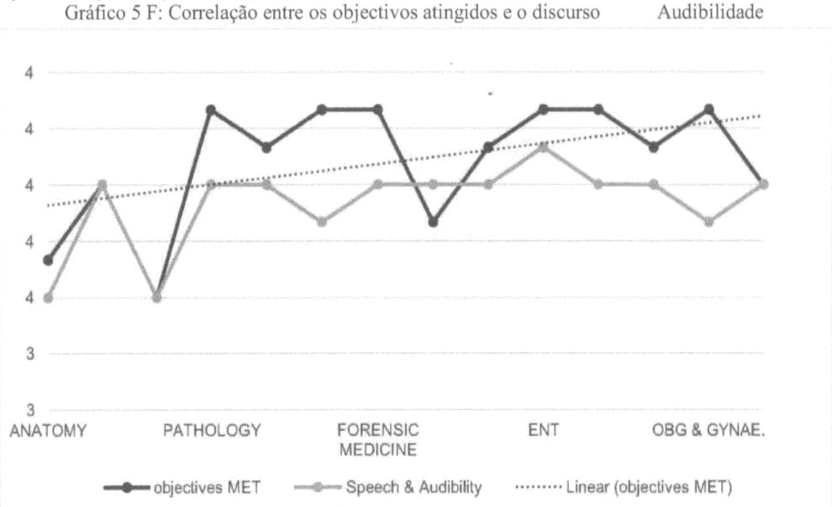

A pontuação média para a fala e a audibilidade foi correlacionada com o objetivo cumprido. O gráfico mostra precisamente que as pontuações dos objectivos cumpridos dependem em grande medida das pontuações da fala e da audibilidade, exceto no caso da Medicina Comunitária.

Gráfico 5 G: Correlação entre os objectivos atingidos e o tempo

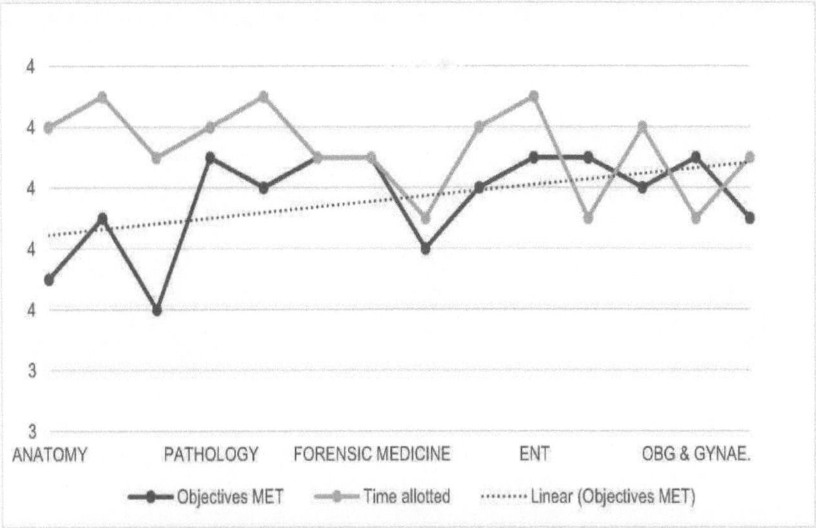

O valor médio do objetivo atingido e o tempo atribuído estão correlacionados. A atribuição de tempo e o valor médio do objetivo atingido para cada disciplina aumentam ou diminuem simultaneamente com a atribuição de tempo para essa disciplina específica. No entanto, em Medicina Geral e Obstetrícia e Ginecologia, o tempo atribuído e o valor do objetivo cumprido estão inversamente relacionados

Gráfico 5 H : Correlação entre os objectivos atingidos e a Interatividade

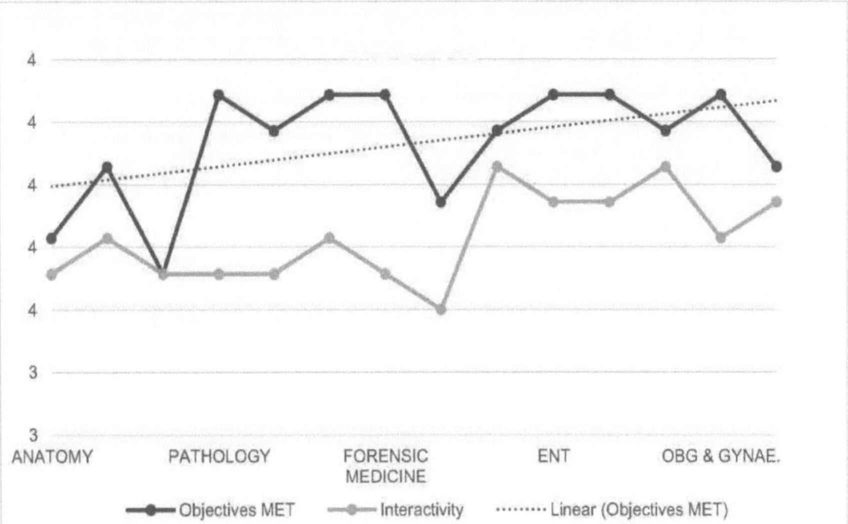

O valor médio do objetivo atingido e a interatividade estão correlacionados. Existe um efeito negativo direto da interatividade no objetivo Met, em todos os sujeitos. A pontuação média deste objetivo é a segunda mais baixa, com 3,7 /5.

Gráfico 5 I: Correlação entre os objectivos atingidos e a compreensão

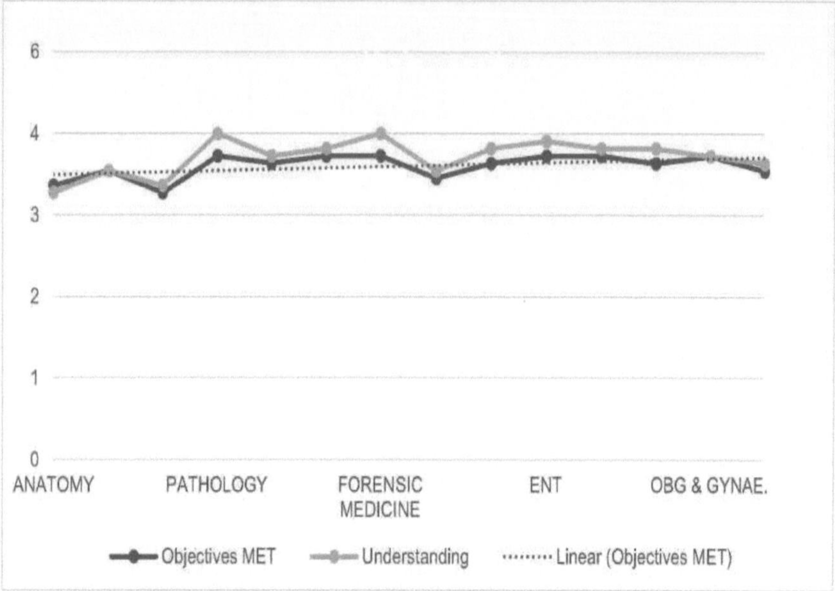

Os valores médios do objetivo atingido e da compreensão foram correlacionados, em todos os sujeitos, demonstrando assim uma correlação linear. A pontuação média foi de 4,0/5.

Gráfico 5 J: Correlação entre os objectivos atingidos e a capacidade de desempenho

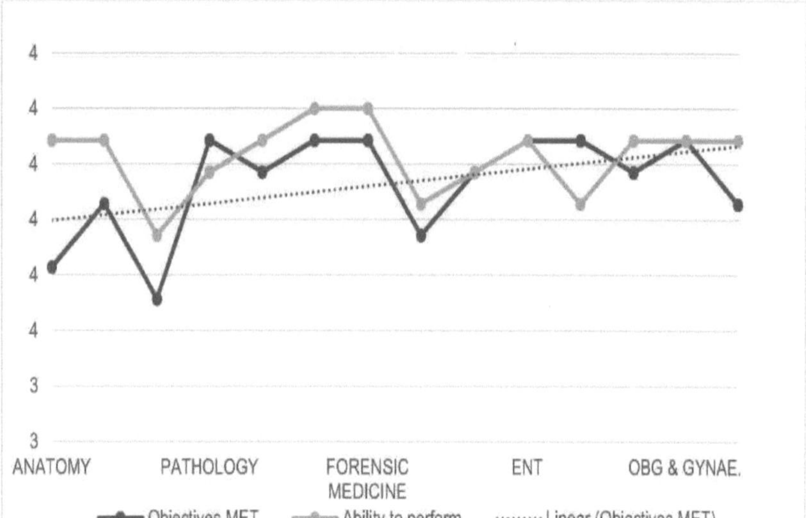

O objetivo médio atingido e a capacidade de execução foram correlacionados. Em todas as disciplinas, as pontuações do objetivo principal foram superiores às pontuações do objetivo atingido, exceto em patologia e medicina. Mas não estatisticamente não significativo, para afetar negativamente o objetivo atingido.

Gráfico 5 K: Correlação entre os objectivos atingidos e a infraestrutura

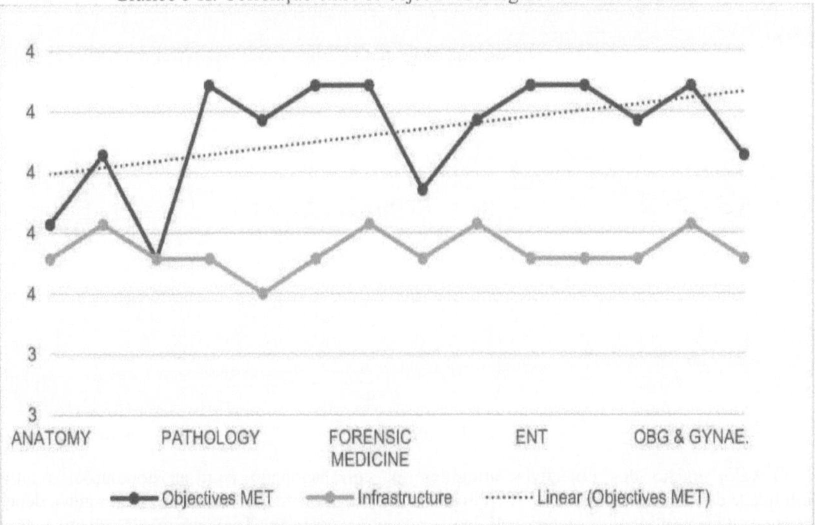

Foi observada uma correlação linear entre as pontuações do objetivo cumprido e o valor médio da infraestrutura. As pontuações neste objetivo são as mais baixas, 3,62/5; significativamente inferiores ao objetivo-chave médio de Cumprido (3,96) em todas as disciplinas; afectando assim negativamente a pontuação do objetivo-chave cumprido.

Gráfico 5 L: Correlação entre os objectivos atingidos e a formação prática

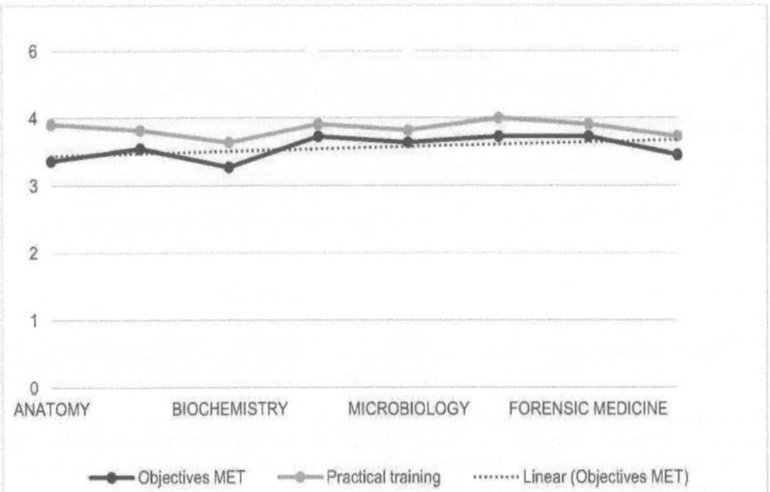

O valor médio da Formação prática está correlacionado com a média do objetivo atingido para todos os sujeitos. O gráfico de linhas revela com precisão que este objetivo e o objetivo atingido eram estreitamente relevantes um para o outro. O valor médio era (4,22) superior ao valor médio do objetivo atingido (3,96), pelo que tinha um efeito positivo sobre o mesmo.

Gráfico 5 M: Correlação entre os objectivos atingidos e a disponibilidade de material clínico

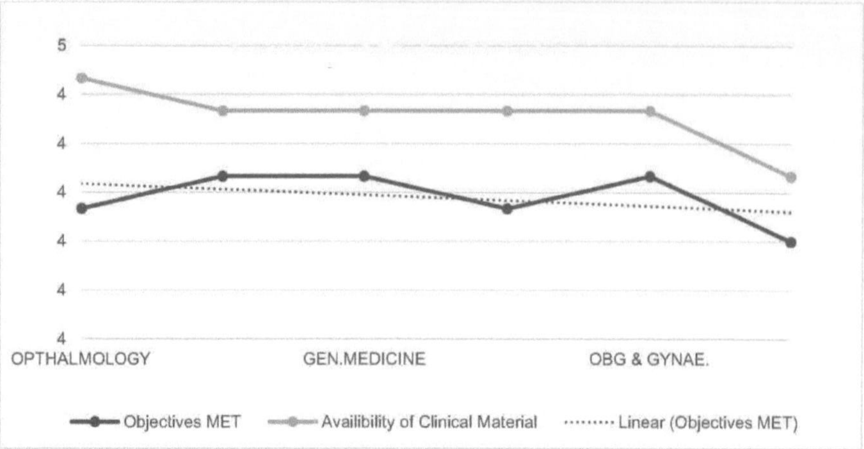

O valor médio dos objectivos atingidos foi correlacionado com as pontuações relativas à disponibilidade de material clínico. O gráfico linear mostra claramente que os objectivos atingidos dependem largamente da disponibilidade de material clínico, sem qualquer exceção. Tem uma relação positiva, com uma pontuação média de 4,22, superior à pontuação do Objetivo Cumprido de 3,96/5.

Gráfico 5 N: Correlação entre os objectivos atingidos e a realização da clínica

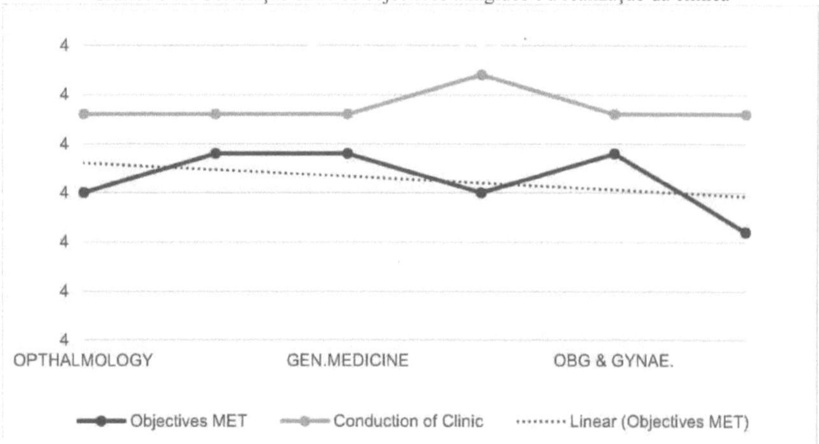

O valor médio do objetivo cumprido está correlacionado com as pontuações relativas à disponibilidade de material clínico. O gráfico linear mostra claramente que os objectivos cumpridos dependem largamente deste objetivo, sem qualquer exceção. Tem uma influência positiva, com uma pontuação média de 4,21, superior à pontuação do Objetivo Cumprido de 3,96/5.

Gráfico 5 O: Correlação entre a pontuação obtida no AcAP por disciplina e a pontuação obtida no AcAP por referência

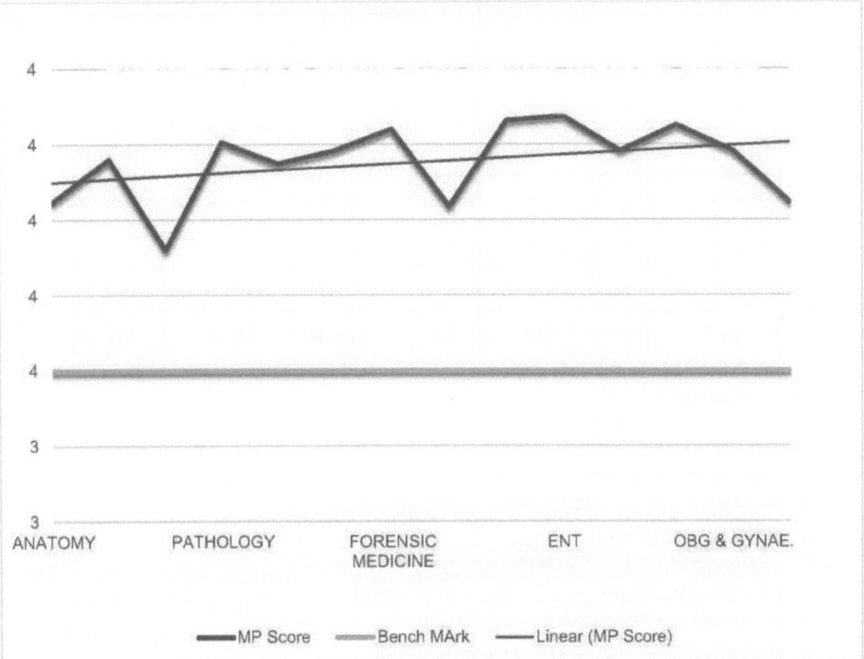

A correlação entre estes dois valores revela que a média das notas obtidas é bastante superior à nota de referência, pelo que não se observa qualquer falha de qualidade em nenhuma disciplina. A maioria das disciplinas situa-se acima do valor médio de 3,96. O valor mais baixo regista-se na disciplina de Bioquímica, com 3,6

Quadro VII C:

Estatísticas descritivas da pontuação por disciplina						
	N	Mínimo	Máximo	Média	Std. Desvio	Variação
Anatomia	11	3.60	4.30	3.8909	.28091	.079
Fisiologia	11	3.70	4.30	3.9909	.22115	.049
Bioquímica	11	3.60	4.10	3.7818	.20889	.044
Patologia	11	3.60	4.40	4.0364	.25796	.067
Microbiologia	11	3.50	4.30	3.9818	.24827	.062
Farmacologia	11	3.60	4.40	4.0636	.27667	.077

Forense Medicina	11	3.60	4.40	4.0636	.24196	.059
Medicina comunitária	11	3.50	4.30	3.8818	.21826	.048
Ophthal	12	3.70	4.40	4.0833	.19462	.038
ENT	12	3.60	4.30	4.0917	.21088	.044
G Medicina	12	3.60	4.30	4.0167	.21672	.047
Cirurgia G	12	3.60	4.30	4.0750	.20944	.044
ObsGyn	12	3.70	4.30	4.0167	.19924	.040
Pediatria	12	3.60	4.30	4.0167	.18990	.036

Gráfico 6 A: Anatomia '

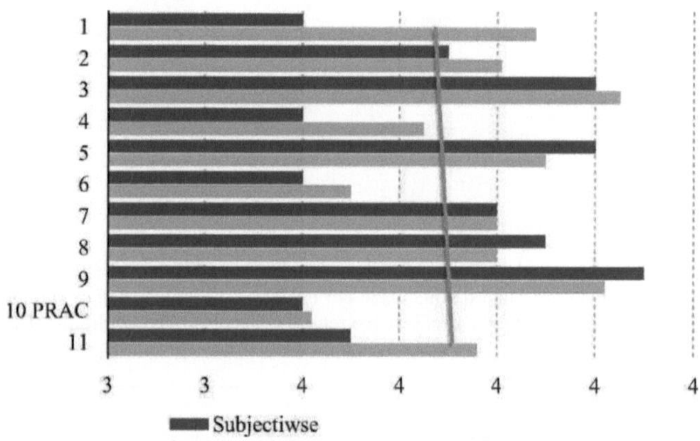

A pontuação máxima do objetivo-chave é de 4,3 (Formação prática) e a mínima de 3,6 (Conjunto de objectivos).

Em geral, em comparação com a pontuação média de todas as disciplinas, os 5 objectivos-chave de anatomia foram inferiores.

Gráfico 6 B:Fisiologia

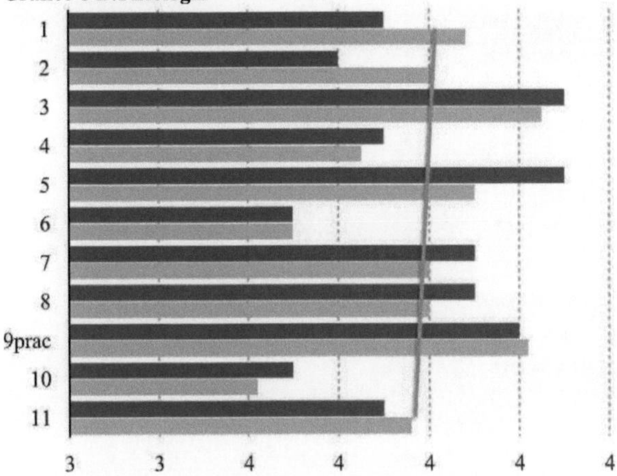

A pontuação máxima do objetivo-chave é de 4,5/5 (tempo atribuído) e a mínima de 3,7/5 em dois aspectos - Interatividade e Infra-estruturas (conjunto de objectivos).

Em geral, em comparação com a pontuação média de todas as disciplinas, os objectivos-chave de anatomia 3 foram menores.

Gráfico 6 C : Bioquímica

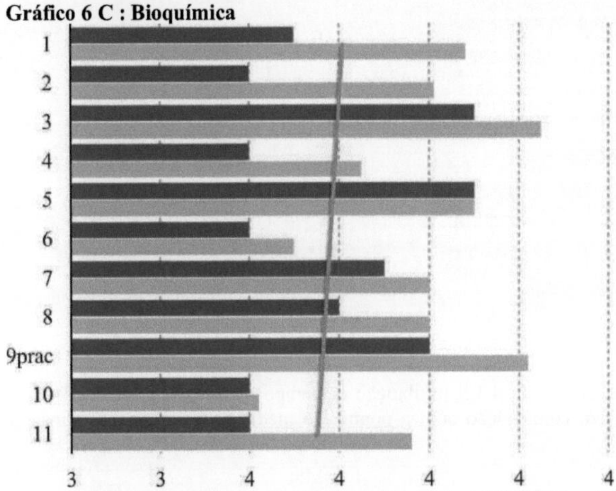

A pontuação máxima do objetivo-chave é de 4,1/5 (LRM e atribuição de tempo) e a mínima é de 3,6/5 em 4 aspectos (preparação do tema, audibilidade do discurso, infraestrutura, cumprimento do objetivo).

Em geral, em comparação com a pontuação média de todas as disciplinas, os 10 objectivos-chave foram menos.

Gráfico 6D : Patologia

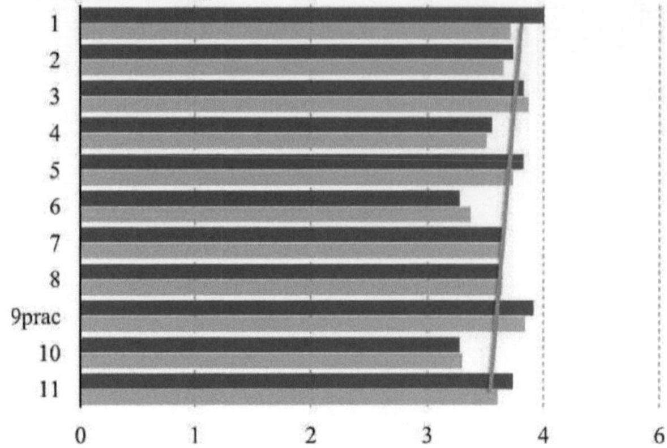

A pontuação máxima do objetivo-chave é de 4,4/5 (conjunto de objectivos) e a mínima de 3,6/5 em 4 contagens - (Interatividade)

Em geral, em comparação com a pontuação média de todos os sujeitos, os objectivos de 1 tecla foram menores.

Gráfico 6E : Microbiologia

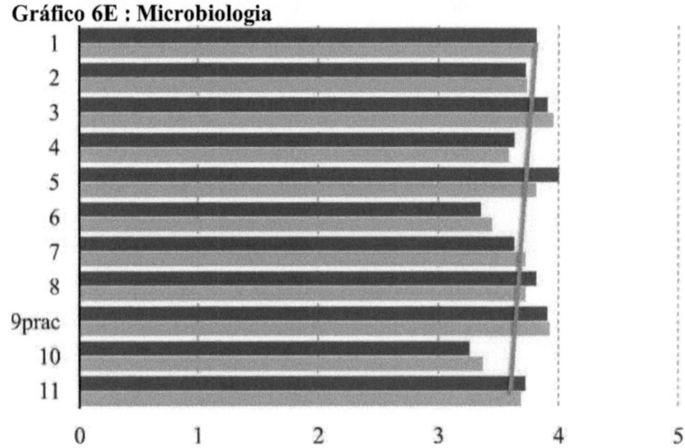

O objetivo-chave máximo pontuado é de 4,3/5 (atribuição de tempo) e o mínimo de 3,5/5 em 4 contagens - (Infraestrutura) Em geral, em comparação com a pontuação média de todas as disciplinas, 4 objectivos-chave foram menos.

Gráfico 6F: Farmacologia

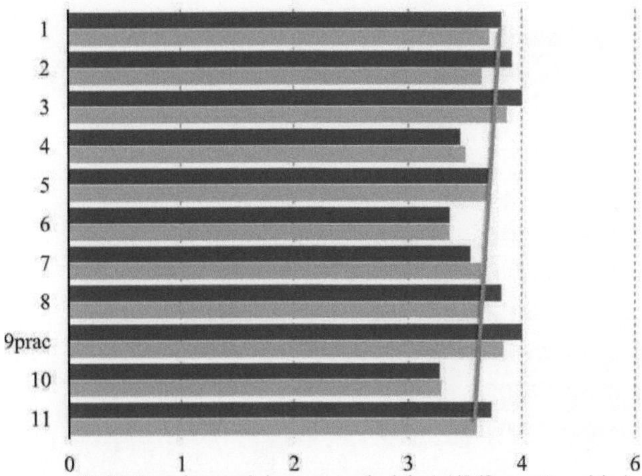

O objetivo-chave máximo pontuado é de 4,4/5 (formação prática) e o mínimo de 3,6/5 em 4 contagens - (Infra-estruturas)

Em geral, em comparação com a pontuação média de todas as disciplinas, 4 objectivos-chave foram menos. O objetivo-chave máximo pontuado é de 4,4/5 (conjunto de objectivos) e o mínimo é de 3,6/5 em 4 contagens - (Interatividade)

Em geral, em comparação com a pontuação média de todos os sujeitos, os objectivos de 2 teclas foram menores.

Gráfico 6G: FMT

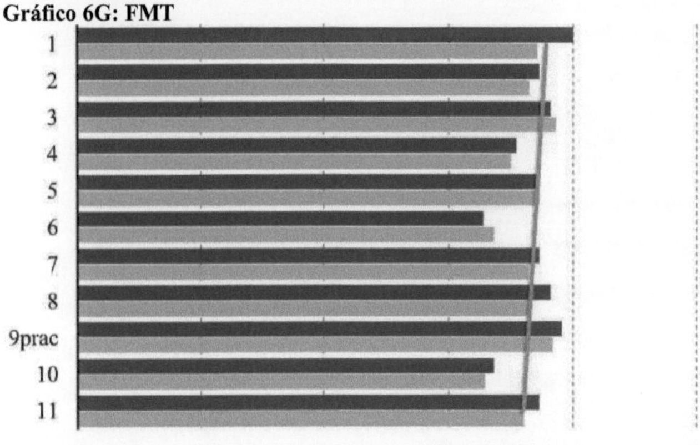

A pontuação máxima do objetivo-chave é de 4,4/5 (definição de objectivos) e a mínima é de 3,6/5 em 4 pontos - (compreensão)

Em geral, em comparação com a pontuação média de todas as disciplinas, 4 objectivos-chave foram menos. O objetivo-chave máximo pontuado é de 4,4/5 (conjunto de objectivos) e o mínimo é de 3,6/5 em 4 contagens - (Interatividade)

Em geral, em comparação com a pontuação média de todos os sujeitos, os objectivos de 2 teclas foram menores.

Gráfico 6H: Medicina comunitária

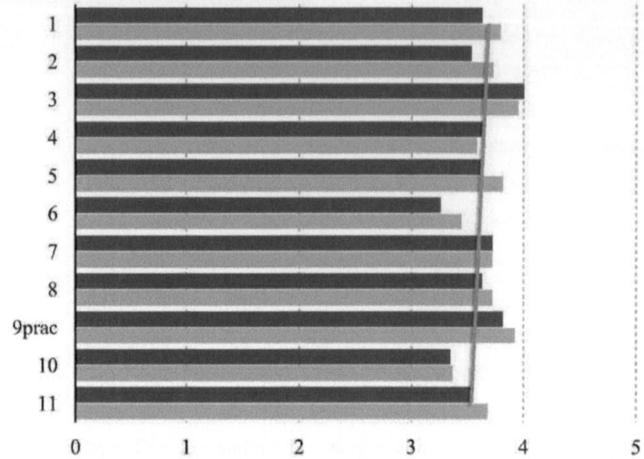

O objetivo-chave máximo pontuado é de 4,3/5 (LRM) e o mínimo de 3,6/5 na contagem - (Infra-estruturas)

Em geral, em comparação com a pontuação média de todas as disciplinas, 4 objectivos-chave foram menos O objetivo-chave máximo pontuado é de 4,4/5 (conjunto de objectivos) e o mínimo de 3,6/5 em 4 contagens - (Interatividade) Em geral, em comparação com a pontuação média de todas as disciplinas, 6 objectivos-chave foram menos.

Gráfico 6I: Oftalmologia

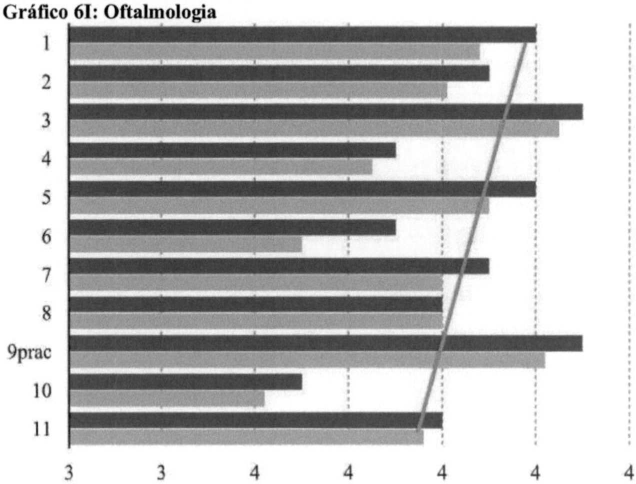

O objetivo-chave máximo pontuado é de 4,3/5 (LRM) e o mínimo de 3,7/5 na contagem - (Infra-estruturas). Todos os objectivos-chave obtiveram pontuações superiores às pontuações médias das disciplinas.

Gráfico 6J: ORL

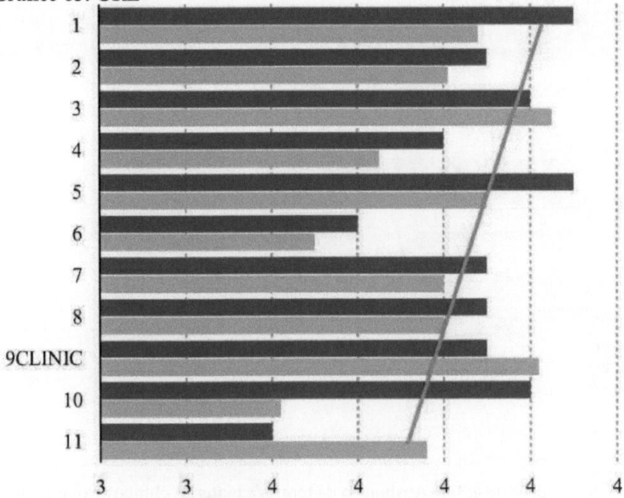

A pontuação máxima do objetivo-chave é de 4,3/5 (Conjunto de objectivos, Atribuição de tempo, Material clínico) e a mínima é de 3,6/5 na contagem -(Infra-estruturas). Dois objectivos-chave obtiveram pontuações inferiores às pontuações médias das disciplinas.

Gráfico 6K: Medicina Geral e Familiar

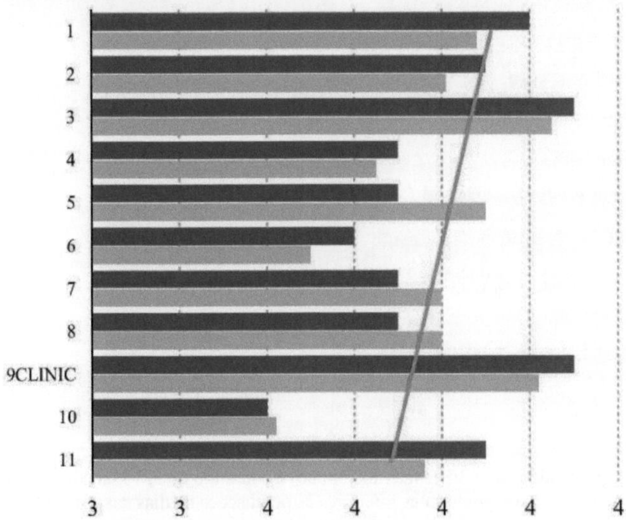

O objetivo-chave máximo pontuado é de 4,3/5 (Atribuição de tempo e material clínico) e o mínimo de 3,6/5 na contagem - (Infra-estruturas). 5 objectivos-chave obtiveram pontuações inferiores às pontuações médias das disciplinas.

Gráfico 6L:Cirurgia geral

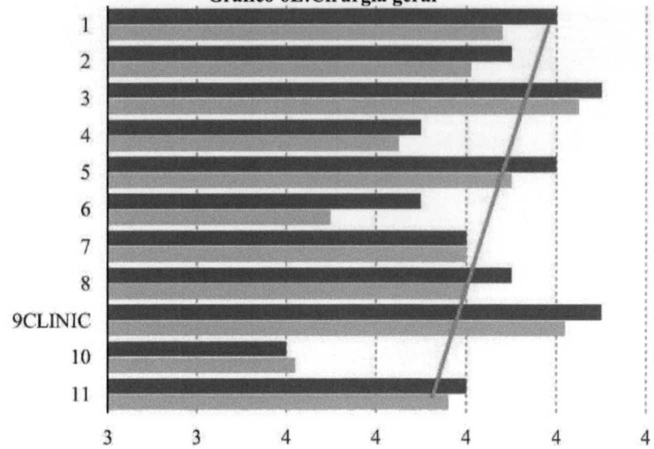

O objetivo-chave máximo pontuado é de 4,3/5 (Atribuição de tempo e material clínico) e o mínimo de 3,6/5 na contagem -(Infra-estruturas). 1 objetivo-chave obteve uma pontuação inferior às pontuações médias das disciplinas.

Gráfico 6O : OBG & GYNAE

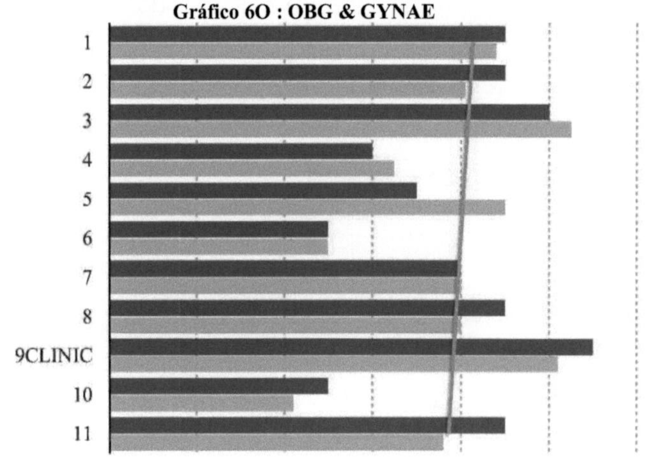

O objetivo-chave máximo pontuado é de 4,3/5 (Material Clínico) e o mínimo de 3,7/5 na contagem -(Infra-estruturas). 3 objectivos-chave obtiveram pontuações inferiores às pontuações médias das disciplinas.

Gráfico 6P Pediatria

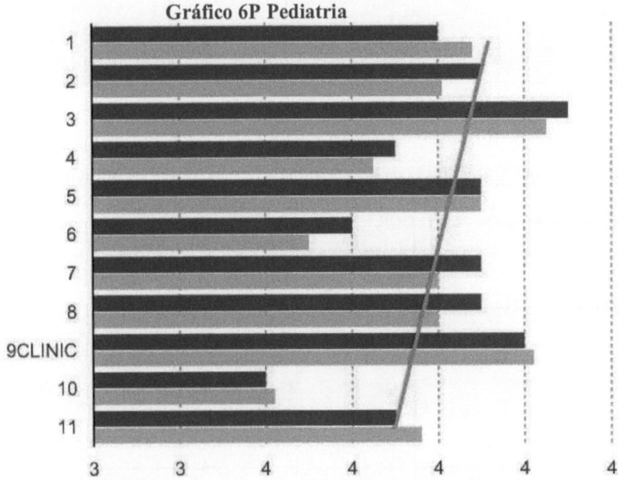

O objetivo-chave máximo pontuado é de 4,3/5 (Atribuição de tempo) e o mínimo de 3,6/5 na contagem - (Infra-estruturas). 4 objectivos-chave obtiveram pontuações inferiores às pontuações médias das disciplinas.

Quadro VIII: Resultados sumativos por disciplina

Assunto sábio	O aluno apareceu	75% ou mais	60-74%	50-60%	Falhar
Anatomia	218	5	122	65	26
Fisiologia	227	10	141	44	32
Bioquímica	221	5	135	57	24
Patologia	165	4	92	65	4
Microbiologia	162	7	92	62	1
Farmacologia	166	5	132	27	2
Medicina Legal	163	0	81	80	2
Medicina comunitária	169	0	76	93	0
Oftalmologia	170	17	145	08	0
ENT	170	11	121	38	0
Medicina Geral e Familiar	145	0	72	69	4
Cirurgia geral	142	0	69	65	8

Obstetrícia e Ginecologia	142	1	77	61	3
Pediatria	141	2	104	35	0

Tabela no. IX: Pontuação AcAP*, Resultado de boa qualidade** e % global de aprovação

Assunto	Pontuação AcAP em %	GQR %	Passagem global
Anatomia	77.8	58.25	88.07
Fisiologia	79.8	66.51	85.90
Bioquímica	75.6	63.34	88.23
Patologia	79.6	61.11	97.57
Microbiologia	80.2	82.53	99.38
Farmacologia	81.2	49.69	98.79
Medicina Legal	77.6	44.97	98.77
Medicina comunitária	80.6	58.18	100
Oftalmologia	81.6	95.29	100
ENT	81.8	77.64	100
Medicina Geral e Familiar	80.2	49.65	97.24
Cirurgia geral	81.4	48.59	94.36
Obstetrícia e Ginecologia	80.2	54.92	97.88
Pediatria	80.2	75.17	100

*Pontuação ACAP = Pontuação média de MP por disciplina em %
**Resultado de boa qualidade = % de alunos com classificação superior a 60%

Gráfico 7A: Correlação entre a classificação AcAP por disciplina e o GQR

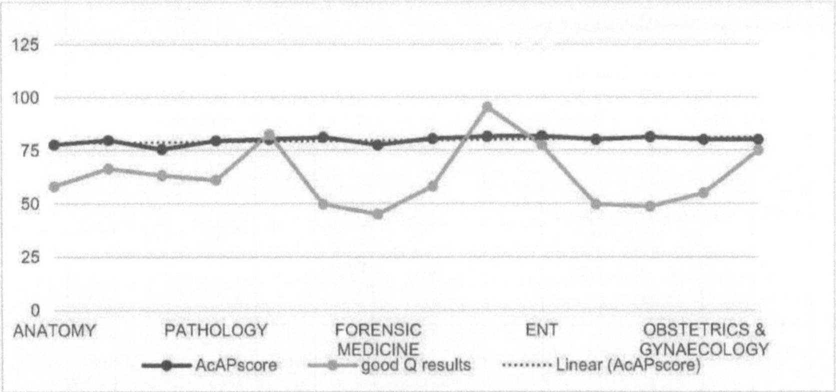

A classificação média do AcAP por disciplina correlacionou-se com o GQR nos resultados sumativos. Exceto em Oftalmologia e Microbiologia, os resultados atingiram a percentagem média de AcAP. Em oftalmologia, a diferença é estatisticamente significativa.

Gráfico 7B: Correlação entre a classificação AcAP por disciplina e a aprovação global

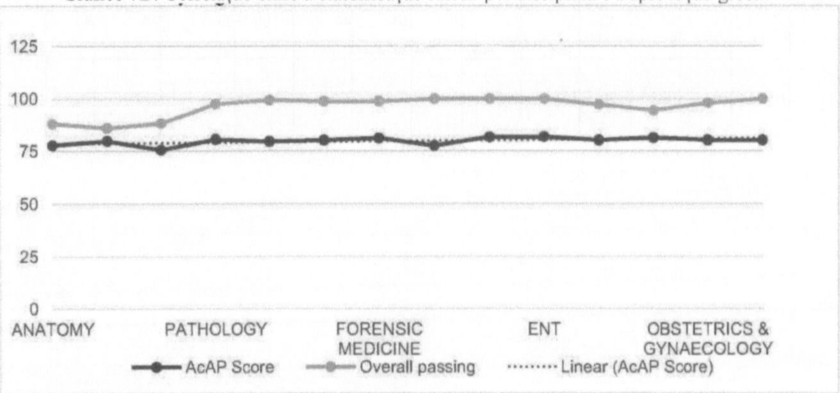

A classificação média do AcAP por disciplina está correlacionada com a aprovação global nos resultados sumativos. A diferença é estreita nas disciplinas do primeiro ano, embora não seja significativa

Quadro n.º X: Frequência anual de

Correlação entre assiduidade e resultados												
Exame de inverno 2014 e verão 2015												
	1º MBBS			2º MBBS			3º MBBS I			3º MBBS II		
Atenção em %	Atingido (N.º de Estudantes)	Resultado (N.º de aprovações)	%	Atenção (N.º de Estudantes)	Resultado (N.º de alunos aprovados)	%	Atenção (N.º de Estudantes)	Resultado (N.º de alunos aprovados)	%	Atenções (Nº de alunos)	Resultado (N.º de alunos aprovados)	%
100 95	67	66	99	43	43	100	28	28	100	19	19	100
94 85	120	109	91	87	85	98	103	103	100	89	88	99
84 75	12	5	42	35	31	89	40	40	100	29	25	86
Tota l	199	180	90	165	159	96	171	171	100	137	132	96

Gráfico 8: Correlação entre assiduidade e resultados

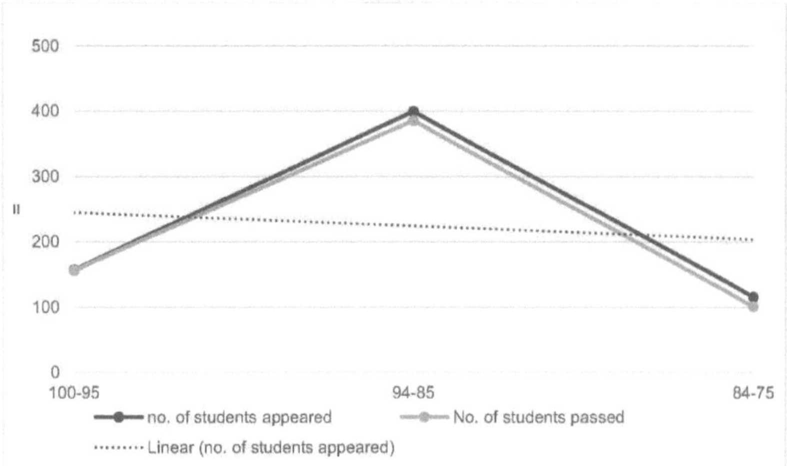

A assiduidade dos aprendentes e os seus resultados sumativos têm uma correlação linear.

Tabela No. XI: Análise qualitativa do programa como um todo Pontuação média nos objectivos individuais e na avaliação-chave

Objetivo de aprendizagem	Pontuação acumulada	Avaliação principal
Objetivo de aprendizagem SET	4.08	Não correspondência entre o conteúdo e o objetivo em muito poucos casos
Preparação do tema	4.01	Prefere uma preparação intensa para alguns temas difíceis
Recursos didácticos	4.25	Utilização de LRM em PowerPoint normalizado nas aulas
Fala e Audibilidade	3.88	Baixa audibilidade e utilização de outras línguas
Atribuição de tempo	4.12	Adequado na maioria dos casos
Interatividade	3.7	Avaliação repetida para aumentar as inter-actividades entre o aluno e o professor
Compreensão	4.0	Exceto no que se refere ao tópico de índice muito difícil, a maioria compreendeu bem
Treino psicomotor e de competências	4.05	Adequação reflectida nesta matéria.
Formação prática - demonstração de técnicas	4.22	Adequação reflectida neste ponto
Adequação do material clínico	4.28	Existe um vasto material clínico disponível, embora a variedade possa ser reforçada
Condução da clínica	4.21	Adequação reflectida neste ponto
Infra-estruturas	3.62	A avaliação contínua no sentido da melhoria é sentida.
Objetivo de aprendizagem MET	3.96	Adequação global neste domínio, apesar de procurar melhorar a infraestrutura e a interatividade

Tabela no. XII: Correcções-chave - 5 anos (por objetivo)

S. NÃO	Principais medidas de correção previstas	Medidas corretivas tomadas	Pessoa/Autoridade
1	Reforço do objetivo de aprendizagem	Decisão política no sentido da inclusão uniforme de objectivos específicos de aprendizagem em todas as disciplinas	Conselho Conjunto do Colégio e Conselho Académico
		Desenvolvimento e inclusão de SLO	HOD e todo o corpo docente
2	Boa preparação dos temas	Ensino corretivo com cuidados adequados	HOD e professores dedicados
		Formação obrigatória pelo MET	Conselho Académico
3	Reforço dos recursos didácticos e sua utilização uniforme	Decisão política para o desenvolvimento de LRM validado	Conselho conjunto do colégio e Conselho do colégio
		Desenvolvimento de produtos validados LRM	Todo o corpo docente e HOD
		Uniforme e utilização obrigatória	Conselho conjunto do colégio
		Baseado em servidor online	Conselho de Administração
4	Reforço da audibilidade e da fala	Atualização dos sistemas áudio	HOI
		Utilização da língua pelo professor	Conselho do colégio e HOD
		Outra língua -learning for Learners-Aulas suplementares para Marathi	Conselho conjunto do Colégio
5	Atribuição de tempo :Prioridade ao tempo e às competências	Reequilibrar os programas curriculares	Conselho Académico
		Adicional / reajustamento de turmas	Conselho do Colégio, diretor executivo e diretor pedagógico

6	Aumento das oportunidades de aprendizagem interactiva	Introdução de modalidades interactivas, tais como questionários, MPBL	HOD e Faculdades
		Reajustamento do currículo com a atividade do SGD	HOI E HOD
		Criação de slots de auto-aprendizagem	Conselho do Colégio
7	Reforçar a compreensão dos temas difíceis	Aulas de recuperação/reforço	Diretor-Geral e responsável pela educação
		Implantação de professores com "estilo Lucid	HOD
8	Reforço Treino psicomotor	Reestruturação das clínicas	Conselho do Colégio e HOD
		Desenvolvimento de uma ala de simulação	Conselho de Administração
9	Reforçar a aprendizagem prática e autónoma	Desenvolvimento de museus	Universidade
		Dissecções virtuais em 3D	HOI
10	Reforço da utilização adequada de material clínico abundante	Apresentação de uma lista de casos de interesse académico nos gabinetes dos departamentos - aberta ao ensino de todos os professores	Conselho do Colégio, HOD e Faculdades
11	Reforço da condução da clínica	Clínica Sistema de monitorização da clínica	Conselho conjunto do colégio e HOI
		Diretrizes clínicas	Conselho conjunto do Colégio
12	Preocupações relativas às infra-estruturas		
12A	Visibilidade do ensino exibir Arena em poucas salas de aula	As paredes frontais da sala de aula foram desenvolvidas como paredes de ensino! com ecrã de projeção, quadro preto/verde/quadros brancos!	HOI

12B	Arrefecimento no verão, especificamente	Ar condicionado em todas as salas de aula	Conselho de Administração
12C	Bancos rígidos do tipo banco	Amortecimento dos assentos	HOI
12D	Reforço das instalações TIC	Projectores LCD de alta resolução, E-podiums, ligação à Internet e disponibilidade de LRM com base em servidor	Conselho de Administração e HOI
12E	Sala de conferências Atribuição de acordo com a antiguidade e a intensidade do ensino teórico	Reatribuição de cada lote de acordo com as suas preferências, juntamente com o conselho de estudantes	HOI
13	Reforço do programa de avaliação académica,	Auditoria interna-2013	Conselho de Administração
		Atribuição de uma turma específica para a análise de pontos de referência na presença do diretor pedagógico	Conselho do Colégio e Conselho conjunto do Colégio
		Desenvolvimento e implementação da versão 2.0	Conselho académico e transportador Programa de avaliação académica.
14	Reforçar a adesão às actividades académicas	Acompanhamento das aulas e das clínicas pela célula de assiduidade	Conselho conjunto do colégio
		Desenvolvimento e utilização de um sistema baseado em folhas OMR para controlo da assiduidade e das aulas	Conselho de Administração
		Instalação de um sistema de circuito fechado de televisão para todas as turmas da Câmara DEAN	Conselho de Administração e HOI

Resultado: Total das principais acções corretivas: 57 acções Acções corretivas tomadas a nível departamental: 18/57, Acções tomadas a nível institucional: 16/57 e Acções tomadas a nível universitário: 23 /57.As acções corretivas necessárias foram distribuídas quase uniformemente por todos os níveis.

Gráfico 9A: Análise das principais correcções nível das intervenções

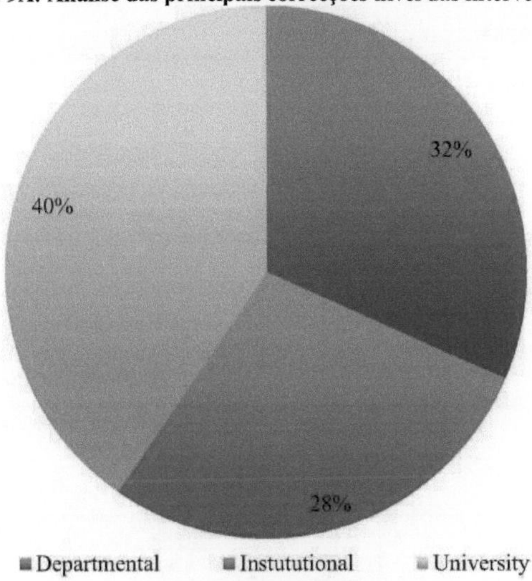

GRÁFICO 9B:Análise da correção-chave Objetivo

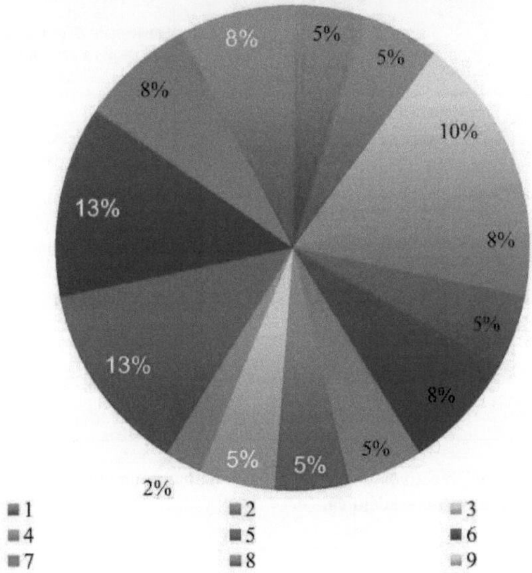

Quadro XIII

Impacto na qualidade	Pontuação	Pontuação em termos de %	Objeto
Falhado	<3.5/5	menos de 70%	Nulo
Conservado	3.5 -3.75 /5	70-75%	Interatividade
			Infra-estruturas
Sustento	3.76-4.0	76-80%	Fala e Audibilidade
			Compreensão
			Objetivo de aprendizagem atingido
Melhorado	> 4.0	80%-100%	Conjunto de objectivos de aprendizagem
			Preparação do tema
			Recursos LRM
			Atribuição de tempo
			Capacidade de execuçãoTreino psicomotor e de competências
			Capacidade de execuçãoTreino psicomotor e de competências
			Formação práticaDemonstração de técnicas
			Adequação do material clínico
			Condução da clínica

RESULTADO: A maioria dos objectivos-chave 64% visa a melhoria da qualidade, 21% a manutenção e 14% a preservação da produtividade académica.

Gráfico 10

9 objectivos-chave tiveram um impacto na melhoria da qualidade; 3 tiveram um impacto na manutenção da qualidade e 2 tiveram um impacto na preservação da qualidade. Nenhum falhou na contagem da qualidade.

Gráfico n.º 10: Principais objectivos e impacto na qualidade

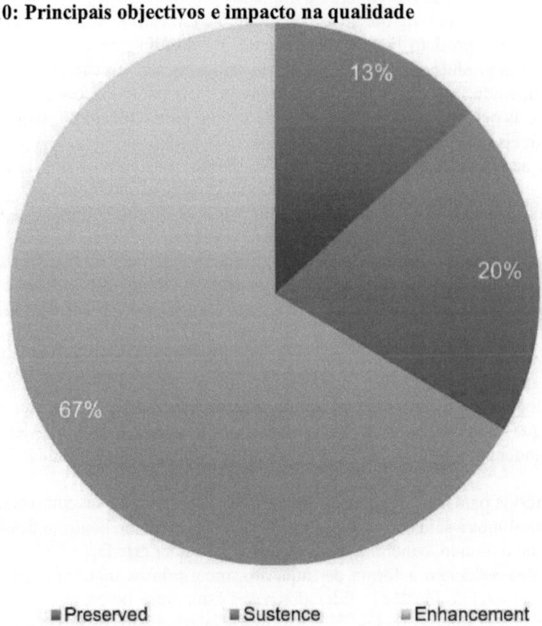

Capítulo 6

Discussão

Desenvolvimento e implementação do AcAP:

É essencial ter uma garantia de qualidade no ambiente educativo, sobretudo no ensino da medicina. Com base no facto de que o produto humano-aprendente, no domínio da educação médica e das práticas médicas, ao contrário de um produto industrial/mercadoria, não pode ser "descartado, rejeitado e desperdiçado" ou, por falar nisso, "recuperado" mesmo ao fim de alguns anos [53]. As preocupações com a garantia de qualidade devem ser prioritárias, e as percepções dos estudantes são o pivô para o mesmo. É o que sugerem quase todos os organismos responsáveis pela elaboração de políticas [1,4,14,27,28,32,43,44,45,46,52].

O processo de acreditação é adotado em todo o mundo, mas como parte da garantia e do controlo externos da qualidade, mas o mais importante é que um bom programa interno de garantia da qualidade deve ter um carácter contínuo, com objectivos claros para cumprir a avaliação comparativa normalizada e que os insucessos sejam objeto de medidas corretivas adequadas [1,10,16,18,19,25,34,45,46,53].

O Programa de Avaliação Académica, tal como implementado atualmente na Faculdade de Medicina J.N., Instituto de Ciências Médicas DattaMeghe (DU), incorporou 10 objectivos-chave (+3 para os objectivos práticos), aferição desses objectivos ao nível de 3,5/5 (Escala Likarts de 5,0 pontos) e monitorização e revisões regulares; com base nas quais são tomadas medidas corretivas situacionais para manter o ambiente académico propício do ponto de vista do estudante. Estes objectivos são avaliados continuamente pelos alunos, nos pontos de marcação que são colocados/mapeados no final da competência/ tópico/ tema a ser alcançado pela aprendizagem. Isto assegura que o processo de aprendizagem é avaliado ao longo de todo o processo para garantir a qualidade e que são feitos esforços para o preservar, manter e melhorar. Além disso, esta atividade é conduzida pelos aprendentes e tem um carácter totalmente "centrado no aprendente", o que constitui uma inovação única. [Anexo 1,3]

Cumpre os critérios para ser um processo de garantia de qualidade, tal como acima referido.

As reacções dos alunos à saída ou as reacções intermitentes têm um controlo de qualidade significativo e muitos estudos, em todo o mundo, concluíram e voltaram a sublinhar este facto [5,9,11,20,,21, 24,29,31,33 35,37,38,41,,47,48, 51]. Muitas destas reacções assumem a forma de inquérito, incluindo os inquéritos em linha [41]. A literatura mostra uma tendência definida de feedbacks liderados pelos estudantes no ensino superior, mas as instâncias não são uniformes em todas as universidades [8,9,10,11,12.] Muitos instrumentos de feedback foram concebidos por diferentes autores e instituições, incluindo o SERVQUAL, o SEVPERF, o SERVPERF, o SETOC, o modelo 360 Multi Focal, o HedPERF e o DREEM. [33,40]. São utilizados principalmente com base no que as instituições pretendem procurar, por exemplo - qualidade dos serviços, desempenho dos serviços, etc.

Mais ainda, nas instituições médicas, têm sido observadas iniciativas muito semelhantes no que respeita às formações clínicas [(5,9,11,31).] Muitos institutos utilizaram também outros métodos para melhorar a sua qualidade, tais como discussões em grupo com os estudantes, desenvolvimento do corpo docente, programas de tutoria entre pares [15,22,30].

Recentemente, foram publicados dois estudos sobre as garantias de qualidade no ensino médico indiano 47,48. Mas também eles não identificaram qualquer programa deste tipo que esteja a ser executado em toda a instituição, em todo o currículo, envolvendo todos os estudantes.

Talvez as razões para a ausência de tais programas se devam a uma forte restrição de tempo e à falta de apoios logísticos necessários para executar tais programas. Mas também pode ser que os institutos de ensino não dêem preferência e prioridade às escolhas e capacidades dos alunos.

Trata-se de uma tendência perigosa e não corresponde às recomendações actuais de todas as autoridades educativas mundiais, como já foi referido.

Para todos aqueles que estão dispostos a empreender um programa interno de garantia da qualidade conduzido pelos alunos, a ausência de um programa bem definido como o AcAP pode ser a principal razão para não enveredarem por esta via.

Há apreensões por parte dos gestores educativos, bem como de outras partes interessadas, sobre as capacidades dos alunos para protegerem os seus interesses académicos. O mesmo foi manifestado nos programas de sensibilização realizados para as faculdades durante a fase de implementação nesta instituição.

Além disso, é possível que estes programas sejam vistos como uma ameaça pelas instituições, uma vez que existe a possibilidade de o ambiente de aprendizagem ser posto em causa pelos estudantes, que apontam para as insuficiências dos seus sistemas actuais.

Mas é exatamente esse o objetivo destes programas: ultrapassar essas ameaças e desafios; transformá-los numa grande oportunidade para capacitar os alunos a protegerem os seus próprios ambientes de aprendizagem.

Tem de haver um compromisso para analisar os resultados, planear acções de correção e tomar medidas corretivas[35]. A falta de logística nesta matéria pode, mais uma vez, estar a dissuadir as instituições de tais implementações.

O AcAP constitui uma ferramenta sólida para que todas as instituições de ensino iniciem um programa interno de garantia da qualidade orientado para o aluno, que tem um carácter contínuo.

O objetivo principal incorporado no programa AcAP tem em conta os elementos essenciais do campo do processo de passagem centrado no ambiente de ensino-aprendizagem. Além disso, o programa está centrado em dois tipos de contributos - um para a teoria, incluindo a didática, e outro para a prática/clínica.

Os principais objectivos desenvolvidos e incorporados no programa são os seguintes

Estes objectivos reflectem bem todo o ciclo de feedback importante para os processos de gestão da qualidade relativos a um aprendente. Desde a definição dos objectivos de aprendizagem até à sua reflexão, até que ponto esses objectivos foram atingidos. O ciclo de aprendizagem também tem os professores no centro, a sua capacidade ajuda os alunos a aprender bem. Mas, para aqueles que estão apenas a utilizar um ambiente de aprendizagem normalizado, incluindo o LRM, a sua preparação para o dispensar no tempo previsto e com um discurso eficaz é extremamente importante. Do mesmo modo, o ambiente educativo imediato, as salas de aula, etc., têm de estar suficientemente equipados para que o processo se desenrole de forma interessante e interactiva. Cognitivo e psicomotor são duas componentes essenciais da aquisição de conhecimentos. A capacidade do aluno para compreender e executar as competências adquiridas é fundamental para se tornar um médico competente. A disponibilidade de material clínico e a adequação da condução clínica são essenciais numa instituição médica. No ensino superior, talvez só as instituições médicas tenham o privilégio de ministrar formação em conjunto com as principais partes interessadas da comunidade para a qual os estudantes recebem formação. Isto não acontece em nenhuma instituição técnica. Para uma formação médica de qualidade, é imperativo que estes ambientes clínicos sejam adequados e de qualidade assegurada do ponto de vista do formando. Se todos estes objectivos forem adequadamente abordados, então, talvez como última garantia, se os formandos reflectirem que os objectivos foram cumpridos de forma adequada, será a etapa final da garantia de qualidade na perspetiva do formando. Com base nisto, os seguintes objectivos-chave são estabelecidos no AcAP para serem aferidos quanto à Adequação da Aprendizagem.

No final de cada ponto de avaliação, cada aluno pontua/classifica cada objetivo na escala de 5,0 pontos do Likart. Cada objetivo é avaliado em 3,5/5 para ser atingido para o nivelar como um processo de ensino-aprendizagem de qualidade garantida. O programa é implementado em todas as 14 disciplinas principais + 6 disciplinas secundárias ensinadas numa instituição médica a nível de licenciatura, na Faculdade de Medicina J.N., DMIMS (DU). Cada disciplina (100%) elaborou um plano de pré-termo de acordo com o currículo que deve ser realizado pelos alunos. Os pontos de avaliação foram efectuados com uma adesão de 95%, o que indica uma forte aplicação do programa de estudos de acordo com o plano.

Impacto e cumprimento dos principais objectivos do programa:

Uma vez que é a qualidade que está em causa, a pontuação de base para cada objeto é colocada num nível mais elevado, 3,5/5 (70%). A norma de referência para todos os objectivos era de 3,5/5 (70% da pontuação) e, se fosse atingida, reflectiria a adequação do ambiente académico, garantindo a sua boa conservação. Uma pontuação entre 3,5 e 4 (ou seja, 70-80% de pontuação) é indicativa de que estes objectivos têm potencial para se reforçarem ainda mais e serem sustentados para que a excelência seja alcançada. Os objectivos com uma pontuação superior a 4 (mais de 80%) são áreas melhoradas, contribuindo imensamente para a produtividade académica. Mas os objectivos que não atingem o valor de referência de 3,5 são os verdadeiros problemas de qualidade e devem ser abordados com urgência. São os verdadeiros obstáculos à aprendizagem no processo T-L.

Cada objetivo é analisado com esta base, para garantir a qualidade.

Além disso, como o objetivo final do ambiente de aprendizagem é saber até que ponto os alunos aprenderam, é importante que cada objetivo seja também analisado em relação à pontuação do "objetivo de aprendizagem atingido", de modo a indicar quais são os objectivos no ambiente de aprendizagem que estão a ajudar os alunos a atingir este objetivo-chave.

Os resultados relativos a essas realizações são discutidos a seguir:

1. Definição dos objectivos de aprendizagem: É extremamente importante que os objectivos de todas as actividades de aprendizagem sejam bem definidos. Na ausência de tais objectivos, o aprendente não é capaz de compreender o desafio de aprendizagem da atividade e talvez não consiga orientar-se para a aquisição dessa competência.

A presente análise sugere que os objectivos de aprendizagem em todas as disciplinas estão, na sua maioria, muito bem definidos sob a forma de objectivos específicos de aprendizagem. Obteve uma classificação média de 4,08/5, o que é indicativo de que se trata de um ato de qualidade reforçada.

No entanto, em algumas disciplinas - Anatomia, Fisiologia, Bioquímica e Medicina Comunitária - está abaixo da pontuação média e das pontuações atingidas nos objectivos. Todas estas disciplinas são leccionadas no primeiro ano. Durante o período inicial, os alunos não estão suficientemente sensibilizados para os ambientes do ensino médico, que são muito diferentes dos ambientes educativos de base de onde provêm. Isto afecta a sua pontuação na definição dos objectivos de aprendizagem. Pelo contrário, em Anatomia, o objetivo atingido é superior ao objetivo fixado. É possível que, em Anatomia, as dissecações sejam uma parte integrante, em que os objectivos de aprendizagem são auto-orientados e, por isso, a clareza sobre a definição dos objectivos de aprendizagem pode ser ligeiramente difusa.

Há margem para melhorar os objectivos de aprendizagem nestas áreas e deve ser intensamente estudada para identificar as lacunas e ultrapassá-las.

De um modo geral, a análise dos anos anteriores revelou que os alunos tinham sido inicialmente muito categóricos capazes de identificar a falta de objectivos claros, e continuaram a apontar consistentemente para os mesmos. As pontuações situavam-se entre 2,8 e 3,2 /5. Tendo em conta o que precede, os objectivos de todos os LRM foram redefinidos como objectivos de aprendizagem específicos. As orientações para os objectivos específicos de aprendizagem foram elaboradas por peritos do Departamento de Educação Médica. Em 2012, foram adoptadas e postas em prática. A importância da clareza dos objectivos de aprendizagem é extremamente importante do ponto de vista dos estudantes, o que também é afirmado muitas vezes na literatura (.6,9,15,16,20,26).

2. Preparação do tema:

A preparação dos temas é mais uma vez uma parte essencial da condução de um processo de aprendizagem de boa qualidade. Este objetivo foi bem atingido, com uma pontuação média de 4,01/5, talvez por isso um ato de qualidade reforçada. Os alunos foram capazes de identificar o significado deste objetivo e a forma como os ajuda a ganhar com a aprendizagem. Mas é preocupante o facto de não ser uniforme em todas as disciplinas. A Bioquímica tem resultados significativamente mais baixos (3,6) do que as outras disciplinas e também em relação à média dos objectivos de aprendizagem atingidos, que é de 3,96. Embora nenhuma tenha ficado abaixo da norma de referência, registou-se um desvio mínimo em muito poucos temas/assuntos. Isto aconteceu nos temas que foram ajustados no último minuto, devido a contingências do corpo docente, e talvez o outro corpo docente substituto não tenha conseguido preparar o tema tão bem.

Estes temas eram prioritários para as aulas de recuperação. A Farmacologia obteve a pontuação mais elevada neste domínio, o que se deveu à boa preparação da distribuição dos temas aos professores, que há muito tempo vinham realizando sessões sobre determinados temas. Isto dá-nos uma pista de que, se alguns professores estão a distribuir os tópicos de forma muito eficaz, não devem ser feitas alterações desnecessárias, apenas por uma questão de rotação dos tópicos, especialmente quando o índice de dificuldade é elevado.

Um tema preparado é bem distribuído. É essencial que os professores ensaiem bem antes de iniciarem a atividade de aprendizagem. Os formandos identificaram esta lacuna e opinaram sobre temas não tão bem preparados. Os alunos identificaram uma má preparação como um obstáculo à sua aprendizagem. Uma boa preparação melhora a qualidade do ensino, como o afirmam muitos estudos [11, 16, 29, 39].

3. Recursos Materiais de Aprendizagem (Recursos Didácticos): Os alunos estavam na sua maioria satisfeitos com os recursos materiais de aprendizagem, incluindo a disponibilidade de recursos da biblioteca, etc. Trata-se de um ato de melhoria da qualidade, refletido pela média de 4,25 /5 em todas as disciplinas, durante este período. É a mais elevada de todos os objectivos-chave. Este valor é muito mais elevado do que a pontuação de 3,96 do objetivo Met, o que reflecte que talvez esta tenha sido uma realização fundamental para a condução do ambiente académico, como uma atividade de qualidade reforçada do instituto, ajudando imensamente os líderes a atingir os objectivos de aprendizagem.

O material de recursos de ensino/aprendizagem, como também é chamado, é o componente chave de qualquer ambiente de aprendizagem. Para que um aluno compreenda, é melhor utilizar um LRM normalizado. Isto ultrapassa os caprichos do corpo docente, que por vezes tende a dispensar mais para os seus campos de especialização e a exagerar em vez de se limitar ao que é exatamente necessário para esse aluno em particular. Os alunos protegem ciosamente este objetivo. O LRM utilizado por todas as disciplinas é basicamente preparado pelos seus docentes e verificado por todos os docentes do departamento. É obrigatório utilizar os LRM em powerpoint em todas as aulas. A atualização regular destes LRM é feita através de um processo monitorizado e estruturado, assegurando uma utilização planeada dos recursos didácticos, tendo sido também validada por uma agência externa.

Um outro aspeto muito importante que foi introduzido no âmbito deste objetivo no ano anterior foi o facto de, na cirurgia geral, estar a ser dado muito peso às disciplinas de superespecialidade. O currículo e o programa de estudos de cirurgia geral foram revistos e adaptados às suas necessidades, tendo sido adaptadas quase 40 horas de ensino, juntamente com o LRM.

Do mesmo modo, o programa revelou uma forte necessidade de dispor de uma vasta gama de recursos digitais e de aprendizagem eletrónica na biblioteca. As reformas foram empreendidas na biblioteca, que foi melhorada e rebaptizada como Centro de Recursos de Conhecimento e Aprendizagem, com a criação de mais de 100 terminais digitais, a subscrição de 340 revistas electrónicas e cerca de 12000 livros de texto electrónicos através de várias colaborações, como a Inflibmet, etc. Do mesmo modo, foram criadas oportunidades para a E-CME e foi criado um centro de E-learning dedicado a essas actividades. Recentemente, o programa identificou a presença de Wi-fi em todo o campus. Esta tarefa está agora a ser desenvolvida em todo o campus. Este material de recursos de aprendizagem é agora também carregado nos quiosques dos estudantes e hiperligado aos quadros de horários, onde todos os estudantes podem aceder, reforçar a sua aprendizagem ou fazer um balanço, caso tenham perdido essa atividade de aprendizagem.

A necessidade de desenvolvimento de recursos electrónicos como material de aprendizagem está bem definida em diferentes políticas para garantir a qualidade da aprendizagem no ensino superior [32,364546474849,50]. Os nossos alunos puderam identificar o mesmo, o que reflecte a capacidade dos alunos para garantir a condutibilidade dos seus ambientes de aprendizagem.

4. Fala e Audibilidade: O discurso e a audibilidade constituem outro obstáculo a uma aprendizagem eficaz. Embora a pontuação média do para o mesmo fosse de 3,85 /5, o impacto da qualidade da substância é, por conseguinte, de qualidade. No entanto, em alguns casos, este objetivo não conseguiu atingir o objetivo de referência. As razões eram específicas para a aberração do discurso sob a forma de volumes muito baixos e, por duas vezes, devido a perturbações no sistema de altifalantes áudio numa das salas de aula. A questão foi resolvida com urgência e, num curto espaço de tempo, o sistema áudio foi melhorado para um nível satisfatório. A baixa audibilidade, especialmente numa sala de aula maior, onde por vezes os alunos são cerca de 150, impede uma aprendizagem eficaz. A baixa audibilidade pode dever-se, por si só, à voz do corpo docente, que pode ser facilmente ultrapassada pela disponibilidade e utilização de microfones e altifalantes. Embora estejam instalados em todas as salas de aula, por vezes a sua manutenção passa despercebida aos responsáveis. Tais aberrações são prontamente apontadas como obstáculos à aprendizagem e assinaladas no AcAP. A pontuação de 3 disciplinas também se situa abaixo do objetivo de aprendizagem atingido. Uma das disciplinas é Anatomia. Provavelmente, uma das razões poderá ser também o problema da sala de dissecação, onde estão a decorrer simultaneamente 20 dissecações, e a audibilidade torna-se um problema. O grande exaustor também produz um certo nível de ruído. Foram reparados com urgência e foi efectuado um condicionamento de som na sala de dissecação. Foi aprovada uma proposta de modernização para um laboratório de competências em matéria de cadáveres e estão a ser realizados trabalhos para ultrapassar esta barreira, tal como referido no AcAP.

Uma observação anterior interessante foi o facto de, por vezes, haver uma tendência para alguns professores darem a aula em hindi ou resumos na língua local, como o marati. Os alunos, oriundos de todo o mundo, foram muito rápidos a apontar esta lacuna. Foram imediatamente tomadas medidas corretivas e foi pedido a todo o corpo docente que garantisse que isto não acontecesse e que as aulas fossem dadas em inglês, de acordo com as normas. Além disso, os alunos foram encorajados a frequentar aulas de Marathi no laboratório de competências de comunicação e a aprender o básico.

As turmas que não atingiram o limiar de referência foram imediatamente colocadas em aulas de recuperação.

Diz-se que a língua é um grande obstáculo à aprendizagem [15, 22, 28, 32], pelo que é importante que o corpo docente trate adequadamente a fala e a língua para que todos possam beneficiar de uma aprendizagem favorável.

5. atribuição de tempo:

Esta garantia do objetivo-chave teve uma pontuação média de 4,1/5, o que indica que se trata de um impacto de qualidade reforçada. A atribuição de tempo parece ter sido abordada de forma justificada por todos os responsáveis pela educação, de acordo com o ponto de vista do aluno. Está muito acima das pontuações dos objectivos-chave. No J.N.M.C., talvez um pré-termo bem elaborado esteja a ajudar muito a atingir este objetivo. Como todas as turmas são notificadas no início do período letivo, os professores estão, na sua maioria, bem preparados. Além disso, o controlo das turmas garante que as aulas são dadas atempadamente. Apesar de os alunos do 1.º semestre terem obtido uma pontuação baixa no ponto de avaliação analisado para o tópico da extremidade superior em anatomia, foi chamada a atenção para o facto. O motivo foi a inclusão da extremidade superior no programa do próximo PCT e o facto de nesse mês haver dois feriados locais, o que levou a uma ligeira interrupção das aulas e, por conseguinte, o professor tentou terminar o programa nas restantes aulas, o que levou a uma crise de atribuição de tempo. Este facto foi bem notado pelos alunos e reflectiu o imediatismo do AcAP MP. O tema da extremidade superior foi retomado durante o ensino corretivo. Para que os tópicos sejam adequadamente abordados com a devida compreensão, o tempo atribuído tem de ser adequado. Mais uma vez, as avaliações académicas sobre este objetivo ajudaram todas as partes interessadas a encontrar uma solução, melhorando o ambiente de aprendizagem e um objetivo muito importante, essencial para uma boa aprendizagem, ou seja, a adequação do tempo é assegurada.

Outra observação importante que se fez notar ao avaliar este objetivo sobre a gestão do tempo, trazida à tona pelos alunos, é a necessidade de mais tempo para oportunidades de aprendizagem autónoma. O mesmo foi feito após as devidas aprovações de todas as partes interessadas, e foi criado um espaço no horário com o reforço do E-Museu, juntamente com software de dissecação 3D, vídeos de operações, etc. Talvez por estas razões, este objetivo-chave tenha um impacto de qualidade reforçado.

A aprendizagem autodirigida é um aspeto muito importante no ensino superior, especialmente em Medicina, e os estudantes que identificam essa necessidade e a fazem notar através do AcAP são talvez outra iniciativa de garantia de qualidade que está a ser cumprida [10, 16,25,28,39,49]

6. Interatividade: O objetivo-chave da Interatividade obteve a pontuação mais baixa entre todos os outros objectivos-chave. Foi de 3,7, embora satisfaça a marca de referência, mas está muito abaixo da pontuação do objetivo de aprendizagem atingido, o que indica que a falta de interatividade tem sido um obstáculo para a aprendizagem conducente dos alunos. Esta situação foi mais notada nas disciplinas pré e para clínicas. Isto indica ainda que estas disciplinas precisam de ter discussões mais intensas em pequenos grupos, devendo ser incorporado no seu ambiente algo semelhante a ambientes clínicos. Embora a adequação na contagem da qualidade seja satisfeita, podemos considerar que o impacto da qualidade está ao nível da preservação da qualidade. A sua adequação parece ser apenas suficiente e uma janela para a vulnerabilidade está sempre aberta nesta matéria. A interatividade tem sido considerada por muitos educadores como um dos principais objectivos para obter ganhos de aprendizagem adequados, sobretudo no ensino da medicina [5,9,11,29]. Os estudantes têm um espírito curioso e, a menos que o ambiente de aprendizagem lhes dê a oportunidade de interagir com o corpo docente, os ganhos serão inadequados. Mas o maior constrangimento para assegurar a interatividade, especialmente em actividades em grandes salas de aula, é a força da turma e a limitação de tempo. O instituto agiu e evoluiu com muitos processos inovadores de ensino e aprendizagem como parte das dispensas do programa de estudos, incluindo a marcação de um espaço para essa atividade no horário. As principais acções empreendidas ao longo do tempo foram: garantir o cumprimento rigoroso do ensino didático em relação ao ensino não didático, de modo a que não mais de 20% seja didático. Também no ensino didático - a interação proactiva é assegurada através de actividades como os "Quizzes". Foram promovidas actividades em pequenos grupos, como a aprendizagem baseada em problemas, tutoriais e seminários conduzidos por estudantes. A aprendizagem baseada em problemas é também modificada pelos professores para uma atividade de aprendizagem baseada em problemas modificada, de modo a que mesmo os departamentos mais pequenos possam realizá-la. Esta exigência de uma maior "interatividade" teve ganhos indirectos. Os decisores políticos e os responsáveis pela educação responderam de forma muito positiva e estabeleceram linhas de comunicação direta com os alunos, organizando regularmente sessões interactivas com eles e abordando as questões com um profundo sentido de prioridade.

7. Compreensão: O objetivo-chave da "compreensão" foi adequado com uma pontuação média de 4,0/5. Tem um impacto de melhoria da qualidade, o que indica que as correcções AcAP estão a ajudar os alunos a compreender melhor as matérias. Embora em muito poucos tópicos, como o metabolismo da hemoglobina, a pontuação não tenha sido capaz de atingir a marca de referência e tenha sido imediatamente objeto de ensino corretivo pelo departamento de bioquímica. Os alunos identificaram, com toda a legitimidade, este objetivo no programa e manifestaram as suas preocupações através de classificações baixas, sempre que tal ameaça se fez sentir. Certos temas têm um índice de dificuldade muito elevado, todos estamos conscientes disso. Necessitam de ser reforçados por todos os meios, incluindo a criação de oportunidades de aprendizagem suplementares. As actividades de aprendizagem corretiva foram realizadas por professores seniores. Em todas as disciplinas, a pontuação foi muito superior à média dos objectivos atingidos. Isto reflecte que, em geral, o ambiente académico é propício à aprendizagem e à compreensão dos estudantes. Existem oportunidades suficientes para compensar quaisquer deficiências que possam ter sido apontadas nas avaliações individuais dos objectivos-chave, mas, cumulativamente, o ambiente permite que os estudantes adquiram e compreendam quase sempre.

A Compreensão é o reflexo dos ganhos Cognitivos. [1, 8, 19, 21 ,33,34,47,48]. É a base para a construção de conceitos e, a menos que se construa um conceito, não se pode criar uma oportunidade de aprendizagem ao longo da vida na mente dos alunos.

Mais uma vez, o programa deu aos alunos a oportunidade de identificarem se este importante objetivo está a ser cumprido, como pretendem, garantindo que são capazes de proteger e preservar os ganhos.

8. Capacidade de execução - Formação psicomotora e de competências, demonstração e formação práticas e disponibilidade de material clínico:

A capacidade de desempenho em termos de competências psicomotoras (4,22/5), na formação/demonstração clínica/prática (4,22/%) e a adequação do material clínico (4,21/5) estão bem integradas, o que garante que o ambiente de formação clínica/prática dos estudantes é propício e que estes estão bem cientes do mesmo e trabalham no sentido de salvaguardar os seus interesses através do programa de avaliação académica. Estas pontuações estão muito acima da avaliação comparativa. São os impactos de melhoria da qualidade dos ambientes educativos da JNMC. Os ambientes de formação prática são a chave para o sucesso de um médico. A melhoria das qualidades nestes domínios deve ser sempre uma prioridade. O Instituto voltou a fazer o mesmo. Foram introduzidos novos melhoramentos com a emissão das orientações para a condução da clínica, que foram reestruturadas com objectivos bem definidos para cada semestre e a sua formação para os mesmos. A instituição tomou iniciativas para construir e reforçar as instalações de formação em simulação e foi criada uma ala de simulação completa, onde foram mantidos 20 manequins para esse efeito e os alunos são formados juntamente com eles através de módulos estruturados por facilitadores formados. Atualmente, este instituto é também um centro de referência da AHA, um centro de formação institucional que realiza cursos de BLS e ACLS.

Mais uma vez, a AcAP conseguiu assegurar garantias de qualidade e liderar o caminho para reforçar e melhorar as formações para os alunos com base na participação ativa de todas as partes interessadas, demonstrando a importância de tais programas serem executados na instituição, de modo a que a qualidade do ambiente académico seja preservada, sustentada e melhorada.

A aquisição de competências psicomotoras é talvez o aspeto mais importante da formação médica.[5,11,29,31] Uma formação bem sucedida garante um aluno competente, confiante, compassivo e preocupado e é a marca de um ambiente de ensino superior bem sucedido. Através do AcAP, os estudantes puderam assegurar-se de tais preocupações e sugeriram formas de as corrigir. Estas foram bem aceites pelas outras partes interessadas e todos os esforços asseguram que este prémio para a aquisição de conhecimentos clínicos seja mantido e melhorado. Mais uma vez, isto dá aos alunos a prioridade do que pretendem alcançar, como podem garantir um ambiente educativo adequado e refletir sobre o mesmo através do AcAP.

9. Infra-estruturas:

Este objetivo é talvez aquele em que os alunos têm sido capazes de pontuar uniformemente com muito poucas variações, ao contrário dos anteriores. Isto deve-se ao facto de este ser o objetivo principal que é percebido uniformemente por eles e não pode ser personalizado de acordo com as suas capacidades. No entanto, neste período, a pontuação média foi de 3,62/5, o que reflecte que se trata apenas de uma tentativa de preservação da qualidade. É quase a mesma em todas as disciplinas. Apesar de se situar novamente acima do valor de referência, em termos médios, não constitui um obstáculo forte à aprendizagem. Há sempre a possibilidade de melhorar as infra-estruturas. Embora estas possam ser dispendiosas, são, na sua maioria, de carácter pontual. Também é provável que seja o objetivo-chave que se desviou muito do objetivo médio atingido de 3,96.

A preocupação era que, por vezes, o nível era inferior a 3,5 /5. As razões eram muitas. Entre elas, incluem-se sobretudo a falha de certas infra-estruturas, como a eletricidade, a limpeza regular, a avaria dos equipamentos TIC, a avaria dos aparelhos audiovisuais e a avaria dos sistemas de refrigeração. Além disso, os alunos têm por vezes questionado a disponibilidade de água potável fria e a limpeza das casas de banho. Foram feitas todas as tentativas para manter as infra-estruturas e melhorá-las de tempos a tempos. Foram feitas reparações urgentes, substituições de instalações TIC, sistemas de refrigeração, fornecimento ininterrupto de eletricidade, aumento da capacidade dos geradores, etc.

Tendo em conta estas baixas classificações e pontuações no programa, procedeu-se a uma normalização uniforme das salas de aula e todas as salas de aula foram normalizadas com o desenvolvimento de uma parede de ensino, instalações de projeção, bancos almofadados, quadros de avisos fora de cada sala de aula e ambiente geral das salas. Está em curso a passagem do arrefecimento central para o ar condicionado.

Uma observação muito importante no que diz respeito às infra-estruturas é o facto de nunca ter havido um problema de segurança dos alunos, em nenhum momento percebido por qualquer aluno, incluindo as mulheres. Isto reflecte que o ambiente do instituto é considerado absolutamente seguro pelos alunos, e é uma grande garantia para todos os gestores de educação. Para aumentar a confiança dos alunos em relação à sua segurança, foi também desenvolvido um software que permite alertar imediatamente para as ameaças emergentes. Este software "Pre-Yell" foi oficialmente lançado como aplicação móvel androide, versão 1.0, no Google Play, para ser descarregado gratuitamente durante este período.

Os formandos monitorizaram conscientemente os aspectos da infraestrutura e talvez tenham encontrado o obstáculo mais comum à sua aprendizagem efectiva. O programa dá-lhes uma oportunidade intensa de refletir sobre a condutividade das mesmas. As outras partes interessadas também se aperceberam desta prioridade e tomaram sempre medidas urgentes e imediatas para reduzir eficazmente quaisquer ameaças emergentes.

Para um ambiente de aprendizagem propício, é obrigatório dispor de infra-estruturas seguras, protegidas e confortáveis. Não há dúvida de que uma infraestrutura propícia e segura é essencial para uma aprendizagem adequada. Todos os sistemas de gestão da qualidade do ensino fizeram eco deste facto em alto e bom som. As garantias de qualidade, o controlo e a gestão do ensino superior dependem em grande medida das infra-estruturas 1,4,10,15,16,18,19,24,25,28,32,45,46,48 .

As preocupações dos alunos relativamente a esta questão eram muito elevadas e as suas expectativas eram semelhantes.

A acessibilidade e a disponibilidade das salas de aula e dos ambientes de aprendizagem são essenciais para que todos os alunos possam atingir as suas competências. Os alunos têm guardado este seu direito com muito zelo.

10. Objectivos de aprendizagem atingidos: Este é o objetivo-chave que determina o grau de sucesso do resultado final. É o objetivo final de qualquer ambiente de aprendizagem. As pontuações relativas aos objectivos de aprendizagem atingidos são muito semelhantes às pontuações globais. A pontuação média é de 3,96 /5 no que diz respeito à dispensa geral, o que garante um bom processo de ensino-aprendizagem. Insere-se na categoria de Qualidade-Sustentação. Este é o mais importante "indicador de garantia de qualidade de um processo de produção que correu bem". Se este objetivo não for atingido, então, por melhor que seja o processo, isso significa muito pouco para um aluno e este tem a oportunidade de chamar a atenção para este ponto, mesmo ao mais pequeno desvio.

Verificou-se que, anteriormente, a razão mais comum para o não cumprimento dos objectivos de aprendizagem era a má definição dos objectivos de aprendizagem. Com intervenções adequadas, isso melhorou, melhorando também as pontuações dos objectivos de aprendizagem. Da mesma forma, agora as prioridades devem ser melhorar os objectivos-chave - interatividade e infraestrutura - que apenas conseguem cumprir adequadamente a garantia de qualidade e necessitam de esforços mais direcionados para os desenvolver no sentido de os sustentar e melhorar.

Os resultados reflectem que os alunos participaram no programa com total vigilância e não de forma casual. Os aprendentes são suficientemente sábios para correlacionar as deficiências que têm sido um obstáculo ao cumprimento global dos seus objectivos de aprendizagem. Vários estudos fazem eco do mesmo e, de forma muito categórica, atribuem funções aos formandos para lhes dar feedback sobre as lacunas nos seus ambientes de aprendizagem 27,28,29.

Papel e participação do aluno:

O ambiente de aprendizagem estende-se basicamente por 4,5 anos com 4 lotes principais. É predominantemente dominado por mulheres, com um rácio M:F de 43:57%. Os formandos são a chave para dar e avaliar o ambiente de aprendizagem. Tradicionalmente, têm participado nos processos de controlo da qualidade e agora também na garantia da qualidade[20,21,22,23,24,25,26]. Neste estudo, também os alunos participaram regularmente no programa. Nenhum ponto do Marker foi abandonado devido à não participação dos alunos. Foram capazes de avaliar criticamente cada aspeto da aprendizagem, atribuindo uma pontuação na escala de Likart de 5 para cada objetivo. Foram capazes de apontar categoricamente as lacunas, onde a aprendizagem não correu bem. Foram capazes de identificar as dificuldades na implementação logística do programa e sugeriram que este fosse realizado como programa em linha. A "centralidade do formando" na garantia de qualidade é essencial. Há muitos estudos que têm revelado a importância e o impacto da participação dos estudantes, do seu feedback e do seu envolvimento pró-ativo no ambiente educativo [4,5,6,7,21,22,29,31,33,35,37,40,41,47,48,49,50,51]. Este estudo também reflecte e faz eco do mesmo. O programa de avaliação académica levou-os a liderar o processo de aprendizagem, de forma muito estruturada e definida, assegurando que a qualidade é alcançada através da distribuição do currículo.

11. Papel e participação do corpo docente: O corpo docente está muito ativamente envolvido no programa como líder educativo e líder académico. Os responsáveis pela educação têm participado regularmente no programa. Conseguiram colocar os Pontos de Marcação no currículo e no programa de estudos a serem dispensados para os próximos períodos. Assumiram o papel de avaliar atempadamente os pontos de marcação e analisaram as pontuações, salientando as deficiências no ambiente de aprendizagem, tal como apontadas pelos alunos. Também eles identificaram as dificuldades logísticas e sugeriram a versão em linha. O responsável académico analisou atempadamente os relatórios apresentados pelos responsáveis pela educação de forma pormenorizada e apresentou algumas acções para a tomada de decisões políticas. O responsável académico analisou mais aprofundadamente e apresentou nos conselhos de faculdade mensais as deficiências/ lacunas para medidas

corretivas a níveis adequados. O responsável académico tomou as medidas adequadas, incluindo medidas urgentes, juntamente com os HOD, para uma intervenção imediata. O papel do corpo docente é o de um facilitador - guia e supervisiona ambos, no sentido de uma dispensa eficaz dos processos de aprendizagem, ajudando a ultrapassar todas as barreiras apontadas pelos alunos para atingir os seus objectivos. O mesmo é repetidamente refletido pela Federação Mundial de Educação Médica [41,42,43,44,45]. Esta Federação tem afirmado categoricamente que os papéis estão a mudar e que os formandos precisam de facilitadores para ajudar, orientar e atingir as metas e os objectivos da educação médica. Os professores devem agora assumir essas funções. Papel e participação dos administradores/gestores educativos e decisores políticos: Os decisores políticos têm estado ativamente envolvidos na revisão e no acompanhamento do programa de avaliação académica. A adesão administrativa ao programa foi observada em 98%. O programa nunca se sentiu ameaçado ou foi prejudicado em termos de dispensa atempada de análise das lacunas, planeamento de soluções e tomada de medidas corretivas. O Conselho Académico, o Conselho Conjunto das Faculdades e os Conselhos das Faculdades, juntamente com o HOD, o HOI, os funcionários da Universidade, os principais administradores e os decisores políticos intervieram de forma desejável, incluindo melhorias nas infra-estruturas, currículos, programas de estudo, instalações TIC, etc.

O ónus básico de promover a condutibilidade do ambiente de aprendizagem no sentido da sua preservação, sustentação e melhoria, ao longo do programa, recai sobre todas as partes interessadas e ninguém está acima de um ambiente de aprendizagem propício. Os três pilares principais dos ambientes de aprendizagem - alunos, professores e responsáveis pela educação - têm todos de se unir numa plataforma uniforme com preocupações uniformes, aceitando as lacunas com grande coração, estabelecendo um processo de monitorização e revisão e dando prioridade à implementação de acções corretivas. Se isto acontecer de uma forma estruturada, a garantia de qualidade da aprendizagem processo é assegurada 1,2,,1016,18,19,25,27,28,32,34,39,43,44,45,46,47,.

O ambiente de ensino planeado na Faculdade de Medicina de J.N. está bem concebido e em conformidade com o Conselho Médico da Índia [14]. O número de horas é quase 10%-15% superior. Isto é possível porque o DMIMS (DU) tem mais dias lectivos do que o mínimo prescrito pelo UGC, que é 240. No ano letivo de 2014-15, o número de dias lectivos foi de 282, o que contribuiu para a realização de cursos de recuperação e de ensino suplementar, ajudando ainda a manter o ambiente académico. As aulas decorreram com regularidade, numa média de 99,13%. A principal razão pela qual as aulas não se realizaram como planeado deveu-se principalmente à incapacidade dos professores. Como estamos no domínio da medicina, em que o doente é a prioridade, esta situação foi justificada sobretudo por contingências de contratação de cuidados de emergência. Embora exista uma disposição que prevê a aplicação de uma coima aos professores e aos alunos em caso de ausência injustificada. Só em muito poucos casos foi necessário fazê-lo. As aulas não dadas foram devidamente compensadas com aulas de recuperação. Estas aulas de recuperação incluíam também as que não obtiveram uma aprovação de qualidade por não cumprirem a norma de referência. Estas ocorrências representaram 0,08% (7 / 8303). As aulas suplementares, que incluíam o programa de recuperação e o programa de ensino em regime de cápsula, foram realizadas em 2,25%, compensando assim adequadamente as actividades previstas no plano, mas não realizadas ou que necessitavam de reforço. Os pontos de avaliação cobriram adequadamente todo o programa, distribuído de forma homogénea, abrangendo os temas e tópicos de acordo com as necessidades e com a reforma do curso. A assiduidade dos alunos tem uma correlação direta com o seu desempenho no exame de saída. Quanto mais assistiam às aulas, maiores eram as hipóteses de aprovação. Muitos outros estudos também concluíram o mesmo, que como a aprendizagem médica é mais baseada na formação, a participação do aluno é essencial para uma boa aprendizagem. (7,8,12,13,23,53,54) A medida de garantia de qualidade adoptada para assegurar a participação adequada e a monitorização através da célula de assiduidade está definitivamente a ajudar os estudantes a assistir regularmente às aulas.

Os resultados dos exames sumativos também se correlacionam diretamente com a garantia de qualidade através do AcAP, em quase todas as disciplinas, com exceção de 2 disciplinas em que, apesar da baixa pontuação, o resultado foi superior à média. Estas notas baixas estavam muito acima da nota de referência. Isto assegura que, se um aluno garante ter atingido os objectivos de aprendizagem de acordo com as notas de referência no AcAP, então talvez tenha aprendido bem e venha a ser um produto útil na comunidade.

As avaliações são uma parte muito importante do processo de controlo de qualidade [(17,26,27)].

Os exames de saída avaliam os estudantes em relação à sua aquisição de conhecimentos, é uma atividade de controlo de qualidade e não de garantia de qualidade; também não é possível avaliar os estudantes em relação a todas as oportunidades de aquisição de conhecimentos através dos exames de saída. Mas é um aspeto muito importante, uma vez que, juntamente com a garantia de qualidade interna, a atividade de controlo de qualidade completa o ciclo de qualidade. Com a garantia de qualidade, como o AcAP, o processo conduzido pelos formandos, e as avaliações de saída, que são processos conduzidos pelo corpo docente, é criado um círculo de qualidade, juntamente com um mecanismo de contra-verificação. É extremamente necessário realinhar as avaliações também com o processo de ensino-aprendizagem [24].

O AcAPsen foi capaz de apresentar as questões de garantia de qualidade de forma muito categórica. Os objectivos-chave, tal como foram identificados, são as unidades principais em que se baseiam os ganhos dos alunos. Eles foram capazes de identificar esses ganhos ou perdas e refletir através do AcAP para indicar que as coisas estão a diminuir e devem ser corrigidas urgentemente.

As pontuações em todas as áreas-chave estavam acima dos padrões de referência, indicando que o ambiente de aprendizagem, do ponto de vista dos alunos, tinha sido propício para obter ganhos significativos.

O grau de significado destes ganhos evolui se analisarmos os resultados dos resultados sumativos, uma vez que é o ponto de saída do programa e, depois disso, o formando, enquanto produto do instituto, começa a prestar serviços à comunidade.

Os resultados corroboram as conclusões do AcAP. O GQR está quase a imitar as pontuações do AcAP.

As quatro disciplinas com um RQG superior a 75% são a microbiologia, a oftalmologia, a otorrinolaringologia e a pediatria. Em todas elas, a pontuação AcAP é superior a 4,0 e numa delas é de 3,98. Por conseguinte, nestas disciplinas, desenvolve-se um ambiente de qualidade reforçada, o que também se reflecte nos resultados.

Da mesma forma, nas disciplinas em que o GQR era menor, como Anatomia (58,25%), mas naquelas em que o ambiente de aprendizagem era uma preocupação, também afectava o GQR, como Anatomia, Cirurgia Geral, Medicina Legal e Farmacologia, a pontuação do AcAP também é inferior. Embora esta variação não seja significativa, mas valida o facto de o AcAP, que é conduzido pelo aluno, e o exame de saída, que é conduzido pelo professor, terem conclusões quase semelhantes.

A pontuação média do AcAP para a instituição é de 3,99 / 5, o que é apenas um pouco inferior ao ambiente de aprendizagem academicamente melhorado. A principal garantia de qualidade foi o facto de 64% dos alunos terem saído do curso com uma categoria de resultados de boa qualidade. A taxa global de aprovação foi de 97,57%, o que demonstra que o cumprimento das classificações AcAP de referência não é uma coincidência. Os alunos foram capazes de trabalhar para a preservação, manutenção e melhoria, assegurando que a qualidade da aprendizagem é assegurada ao longo de todo o curso.

Como a participação é fundamental para o Ac AP e a assiduidade é obrigatória, a assiduidade também está correlacionada com os resultados e verifica-se que quem mais assiste às sessões de aprendizagem tem mais hipóteses de passar nos exames.

Os alunos que frequentaram 95-100% das aulas obtiveram resultados de 99,99%, os que frequentaram 85-94% obtiveram resultados de 97% e os que frequentaram 84-75% obtiveram resultados de 79%. Isto valida a correlação entre os 3 principais indicadores de qualidade académica -

Participação para Resultados; e Programa de Avaliação Académica para Resultados.

É uma indicação clara de que os alunos têm de participar regularmente num ambiente de aprendizagem melhorado para obterem produtos com um controlo de qualidade a 100%.

O programa de avaliação académica é uma iniciativa de garantia da qualidade liderada pelos estudantes e que evoca a participação de todas as partes interessadas - professores e gestores de educação - no sentido de desenvolver um ambiente académico favorável no ensino da Medicina.

Dificuldades de aplicação:

No entanto, também se observam algumas dificuldades na implementação efectiva deste programa. Estas são as seguintes:

i. Os alunos e o corpo docente devem ser formados para lidar com estes processos. Têm de ser orientados para o AcAP. Todos os anos, a equipa de responsáveis académicos sensibiliza e reorienta regularmente todos os estudantes e o pessoal docente, a fim de aumentar o seu nível de participação e de o tornar um processo de garantia de qualidade de vanguarda.
ii. Existe uma preocupação geral entre os estudantes em relação à confidencialidade durante a participação e a perceção da ameaça de que os professores possam ficar chateados com as notas baixas. Esta questão foi bem apreendida antes da implementação do programa e ultrapassada com a participação do diretor pedagógico para as intervenções necessárias. Assim, nenhum funcionário teve acesso direto a quaisquer dados gerados diretamente pelos alunos.
iii. Da mesma forma, havia uma preocupação geral dos professores de que os alunos os classificassem, mas também foi bem cuidado através da garantia repetida de que é o ensino que está a ser avaliado e não os professores. E em nenhum momento, durante a implementação do programa, qualquer professor foi responsabilizado pelas baixas pontuações, mas o processo foi reavaliado e foram tomadas medidas corretivas para garantir que a preocupação fosse tida em conta.

iv. O tratamento logístico relativo à realização da análise dos pontos de referência, incluindo a disponibilidade de formulários de avaliação e a realização atempada da análise dos pontos de referência, requer um enorme apoio administrativo. Este problema foi ultrapassado e, na versão 2.0, muitos aspectos que se revelaram logisticamente difíceis de tratar foram reduzidos ao nível do exequível, mas a credibilidade foi mantida. Atualmente, está-se a tentar desenvolver uma aplicação para todo o programa.
v. A demonstração direta da utilização do programa e dos benefícios para os alunos foi inicialmente um problema. Os pontos de ação estão agora a ser bem divulgados e as revisões são feitas regularmente nos conselhos estatutários, pelo que esta preocupação está agora resolvida.

Todas estas dificuldades foram ultrapassadas à medida que foram surgindo, mantendo o programa viável, eficiente e eficaz.

Conclusão, limitações e recomendações

A. Conclusão:

O Programa de Avaliação Académica desenvolvido e implementado na Faculdade de Medicina J.N., DMIMS (DU) é um instrumento eficaz para garantir a qualidade do processo de aprendizagem no ensino médico.

As principais conclusões retiradas após o estudo dos mesmos no sentido da sua preservação, sustentação e valorização são

1. O processo de produção deve ser continuamente avaliado qualitativamente pelos formandos no sentido da condutibilidade do ambiente, uma vez que existem muitas lacunas que são melhor identificáveis por eles.
2. Um plano prévio é essencial para todos os ambientes de aprendizagem, de modo a que a implementação do mesmo possa ser reavaliada após o período de aprendizagem, para um maior reforço.
3. O processo de aprendizagem deve ser iniciado com objectivos bem definidos (SLO), de modo a que os estudantes possam auto-avaliar a sua conclusão efectiva e, ao mesmo tempo, identificar as lacunas que impedem o cumprimento desses objectivos.
4. O material de recursos didácticos deve ser normalizado para melhor se adequar aos alunos e deve ser atualizado regularmente.
5. Os currículos devem incluir e dar prioridade a modalidades de ensino interactivas para uma melhor compreensão dos temas. As faixas horárias dedicadas à flexibilidade de aprendizagem (como a auto-aprendizagem/opções electivas) devem ser incluídas nos horários.
6. As infra-estruturas e as instalações TIC são importantes para uma aprendizagem eficaz e devem ser utilizadas de forma livre, livremente acessíveis e actualizadas e mantidas de forma adequada para apoiar eficazmente os processos de aprendizagem.
7. A abundância de material clínico tem de ser sustentada e reforçada com variabilidade para uma psicomotricidade eficaz, juntamente com simulações.
8. A condução das aulas pelos professores tem uma enorme influência no resultado da compreensão da aprendizagem. Estes devem ser formados, assistidos e supervisionados no sentido de melhorarem a sua prestação de recursos.
9. Para que o processo de aprendizagem seja bem conduzido, é essencial garantir que os objectivos de aprendizagem estabelecidos sejam atingidos com base em normas de referência.
10. Para um ambiente educativo propício "centrado no aluno", a sua reflexão e participação direta no processo de garantia da qualidade, como este programa de avaliação académica, é essencial, eficiente e eficaz.
11. No J.N. Medical College, embora o AcAP reflicta que a qualidade do ambiente de aprendizagem está assegurada, com 13% de objectivos-chave ao nível da preservação, 20% de sustentação e 67% de melhoria.

B. Limitações:

O programa de avaliação académica é um esforço de avaliação da qualidade conduzido pelos alunos. O resultado e o impacto dependem inteiramente da participação efectiva e atempada dos alunos. Embora na maior parte das vezes seja implementado da forma e com as disposições previstas, foram observadas algumas limitações:

i. Como o programa é conduzido pelo aluno. Torna-se o principal foco de correcções por parte de todos os outros intervenientes e talvez outros ângulos que possam ser tão importantes para o ambiente de aprendizagem passem a ter pouca prioridade.

ii. Os objectivos podem não incluir todas as componentes do ambiente de aprendizagem, incluindo uma componente essencial da avaliação.

iii. Uma vez que os exames/avaliações e as avaliações são as prioridades dos estudantes, estes concentram-se em tópicos que são mais importantes do ponto de vista dos pontos de vista que assumem maiores preocupações do que todo o currículo no sentido de adquirirem as suas aprendizagens e competências.

C. Recomendações:

Com base no impacto causado pelo programa de avaliação académica, recomenda-se que

1. O processo de produção pode ser avaliado qualitativamente pelos alunos em relação à condutibilidade do ambiente, uma vez que existem muitas lacunas que podem ser melhor identificadas pelos alunos.
2. O processo de aprendizagem deve ser iniciado com objectivos bem definidos (SLO), de modo a que os estudantes possam auto-avaliar-se quanto à sua conclusão efectiva, identificando simultaneamente as lacunas que impedem o cumprimento dos objectivos de aprendizagem estabelecidos.
3. O material de recursos didácticos deve ser normalizado e, se possível, pode ser desenvolvido um tipo de protocolo de ambiente de aprendizagem para melhor se adaptar aos alunos.

4. Os currículos devem incluir e dar prioridade a modalidades de ensino interactivas para uma melhor compreensão dos temas. As faixas horárias dedicadas à flexibilidade da aprendizagem (como a auto-aprendizagem/opções electivas) devem ser incluídas nos horários.
5. As infra-estruturas e as instalações TIC são importantes para uma aprendizagem eficaz e devem ser utilizadas livremente, livremente acessíveis e actualizadas e mantidas adequadamente.
6. O programa de avaliação académica é um programa eficaz para a garantia da qualidade do sistema de produção e recomenda-se que seja replicado noutras instituições médicas.

"Nos ambientes educativos médicos, não foi demonstrada qualquer tentativa no sentido de garantir a qualidade do ensino e da aprendizagem.

Trata-se de uma iniciativa única centrada no aluno, apoiada uniformemente por todas as partes interessadas, embora exija um apoio logístico empenhado, devendo ser recomendada a sua adoção por todas as instituições de ensino, incluindo as instituições médicas".

Resumo executivo

É essencial ter uma garantia de qualidade (GQ) no ambiente educativo, mais ainda no ensino médico. Tendo em conta o facto de que o produto humano-aprendente, no domínio da educação médica e das práticas médicas, ao contrário de um produto industrial/mercadoria, não pode ser "descartado, rejeitado e desperdiçado" ou, por outras palavras, "recuperado" mesmo ao fim de alguns anos, a GQ adquire uma enorme importância. O aprendente, enquanto produto, é inteligente e já demonstrou ter percepções suficientes para salvaguardar os seus próprios ambientes de aprendizagem. As preocupações com a garantia de qualidade devem ser prioritárias, e as percepções dos alunos são o pivô para o mesmo. É o que sugerem quase todos os organismos responsáveis pela elaboração de políticas.

O processo de acreditação é adotado em todo o mundo, mas como parte da garantia e do controlo externos da qualidade, mas o mais importante é que um bom programa interno de garantia da qualidade deve ter um carácter contínuo, com objectivos claros para cumprir a avaliação comparativa normalizada e as falhas devem ser tomadas para medidas corretivas adequadas

Um processo de produção eficiente num ambiente educativo é essencial. O ensino-aprendizagem (T-L) é a chave do processo de produção. Para que o ambiente académico seja útil, é necessário garantir que este continua a ser relevante para o aluno. O processo de aprendizagem envolve etapas críticas, que devem ser salvaguardadas para garantir a produtividade académica, que podem ser os principais objectivos do processo de ensino e aprendizagem. Se esses objectivos forem aferidos, tornam-se normas, e o melhor interessado em salvaguardar essas normas é o aluno. Através de um controlo e de revisões regulares, as outras partes interessadas também podem garantir que o ambiente educativo seja preservado, mantido e melhorado. Trata-se de um ciclo de gestão da qualidade.

O Programa de Avaliação Académica, tal como implementado atualmente na Faculdade de Medicina J.N., Instituto de Ciências Médicas Datta Meghe (DU), incorporou 10 objectivos-chave (+3 para as práticas), aferição de tais objectivos ao nível de 3,5/5 (Escala Likarts de 5,0 pontos) e monitorização e revisões regulares; com base nas quais são tomadas medidas corretivas adequadas para manter o ambiente académico propício do ponto de vista do estudante. Estes objectivos são avaliados continuamente pelos alunos, nos pontos de marcação que são colocados/mapeados no final da competência/ tópico/ tema a ser alcançado pela aprendizagem. Isto assegura que o processo de aprendizagem é avaliado ao longo de todo o processo para garantir a qualidade e que são feitos esforços para o preservar, manter e melhorar. Além disso, esta atividade é conduzida pelos aprendentes e tem um carácter totalmente "centrado no aprendente". Trata-se de uma inovação muito singular. Este programa foi desenvolvido pelo bolseiro e está sujeito a direitos de autor.

Cumpre os critérios para ser um processo de garantia de qualidade, tal como acima referido.

O Programa de Avaliação Académica é um instrumento interno eficaz de garantia da qualidade dos ambientes de aprendizagem, protegido ciosamente pelos próprios aprendentes, constituindo assim uma forma definitiva de gestão da qualidade no ambiente educativo, sobretudo no ensino médico.

Possui elementos essenciais de normas pré-identificadas (objectivos) e de avaliação comparativa das mesmas (3,5/5).

É conduzido e basicamente controlado pelo elemento mais importante do ambiente de aprendizagem, ou seja, os alunos

Conseguiu criar uma plataforma dedicada ao enriquecimento do ambiente académico por todas as partes interessadas, incluindo alunos, faculdades, administradores, gestores e decisores políticos, tendo os alunos como líderes.

Os assuntos que possam ser pouco prioritários para qualquer outra parte interessada (que não o aluno) são prontamente levados à devida ação corretiva através deste programa, assegurando a condutibilidade do programa.

É muito útil para manter um ambiente de aprendizagem eficaz e enriquecê-lo ainda mais, uma vez que o aprendente deseja adquirir completamente as suas próprias competências, tal como são percebidas e priorizadas por ele. Assegura a qualidade do sistema de transferência pelo beneficiário principal e não por pessoas secundárias - professores e gestores de educação.

Trata-se de um programa bem concebido, planeado e implementado para garantir a qualidade académica e produzir os resultados desejados.

Declaração sumária

"O Programa de Avaliação Académica permite que o aluno controle o ambiente de aprendizagem no sentido de obter dispensas eficazes, tal como lhes foi destinado."

Referências

M Best e D Neuhauseri: W Edwards Deming: pai da gestão da qualidade, paciente e compositor Health Care. 2005 Aug; 14(4): 310-312. doi: 10.1136/qshc.2005.015289 PMCID: PMC174406

Weiner N,The human use of human being in cybernetics and society ,Roston , Houghton Miffin Co.1950 -71

Thompson JL, Thompson AM, McCain FE Jr Effects of optional laboratory and lecture attendance in a medical physiology courseJ Med Educ. 1974 Oct;49(10):963-72.

Eichna L W : Ensino médico-escolar 1975-79, Uma perspetiva dos estudantes , N.Engl J Med. 1980; 303;727-734

Jack Ende Feed back in clinical Medical Education , JAMA 1983 250 ,777-781

L W : Educação médica escolar 1975-79, Uma perspetiva dos estudantes , N.Engl J Med. 1980; 303;727-734.

Glanz K, Fiel SB Effect of attendance at lectures on medical student performance (Efeito da participação em palestras no desempenho dos estudantes de medicina). J Med Educ. 1984 Jun;59(6):516-8.

Flournoy DJ, Hyde RM. Presença em palestrasJ Med Educ. 1986 Aug;61(8):705.

Ramsey PG, Gillmore GM, Irby DM Evaluating clinical teaching in the medicine clerkship: relationship of instructor experience and training setting to ratings of teaching effectiveness. Gen Intern Med. 1988 Jul-Ago;3(4):351-5.

Holm HA1, Tidsskr Nor Laegeforen, Quality assurance of medical education--a prerequisite for good medical practice, 1992 Nov 20;112(28):3565-9

Ramsbottom-Lucier MT1, Gillmore GM, Irby DM, Ramsey PG., Evaluation of clinical teaching by general internal medicine faculty in outpatient and inpatient settings. Acad Med. 1994 Feb;69(2):152-4

Hammen CS, KellandJL.Department of Zoology, University of Rhode Island, Kingston 02881Attendance and grades in a human physiology course Am J Physiol. 1994 Dec;267(6 Pt 3):S105-8.

Riggs JW, Blanco JD Existe uma relação entre a assiduidade dos alunos às aulas e a classificação no exame da disciplina de Ciências Clínicas? Obstet Gynecol. 1994 Aug;84(2):311-3.

Graduate Medical education regulations ,1997 (publicado na Parte III, secção 4, do jornal oficial da Índia de 17 de maio de 1997 (alterado até fevereiro de 2012) disponível no sítio Web: http://www.mciindia.org/RulesandRegulations/Graduate MedicalEducationRegulations1997.aspx

SteinertY. University of Texas Medical Branch, Division of Gastroenterology, Galveston, TX 7755-0764, EUA. Utilização de grupos de discussão de estudantes para melhorar o desempenho do corpo docente. Acad Med. 2001 May;76(5):574-5.

Biggs J. A instituição reflexiva: Assegurando e melhorando a qualidade do ensino e da aprendizagem. Ensino Superior. 2001;41:221-38

ElzubeirM ,Rizk.D Evaluating the quality of teaching in medical education: are we using the evidence for both formative and summative purposes, Med teach.2002 May ;24 (3) ;313-9

Sallis E. Total Quality Management in Education (Gestão da Qualidade Total na Educação). London: Kogan Page Ltd; 2002.

LyntanGray. Marketing Education 1991 Publisher: Open UnivPr (setembro de 1991) ISBN-10: 033509676X ISBN-13: 978-0335096763

Stark P.Teaching and learning in the clinical setting: a qualitative study of the perceptions of students and teachers.Med Educ. 2003 Nov;37(11):975-82

Darlaston Jones D, Pike L, Cohen L, Young A, Haunold S, Drew N. Are they being served? Expectativas dos estudantes em relação ao ensino superior. Issues Educ Res. 2003

Breen, L., Cohen, L., Haunold, S., Pike, L., Young, A. (2001, agosto). Tutoria de pares para estudantes universitários: Is group mentoring as effective as one-to-one mentoring? Documento apresentado no 16º Fórum Anual de Investigação WAIER, Perth, Austrália. (referência cruzada)

DhaliwalU . Absentismo e insucesso escolar nos estudantes de medicina do último ano. Natl Med J India. 2003 Jan-Fev;16(1):34-7.

Bloomfield L, Harris P, Hughes C Escola de Saúde Pública e Medicina Comunitária, Faculdade de Medicina, Unidade Curricular, Universidade de New South Wales, Sydney, Austrália.

L.Bloomfield@unsw.edu.auWhat do students want? The types of learning activities preferred by final year medical studentsMed Educ. 2003 Feb;37(2):110-8.
Lockwood JH, Sabharwal RK, Danoff D, Whitcomb ME.Melhoria da qualidade na educação dos estudantes de medicina: o questionário de graduação da escola de medicina da AAMC.Med Educ. 2004 Mar;38(3):234-6
Mayya S, Roff S. Students' perceptions of educational environment: a comparison of academic achievers and under-achievers at kasturba medical college, India. Educ Health (Abingdon). 2004;17(3):280-91. doi: 10.1080/ 13576280400002445.
Savage C, Uhre S, Kovac K, Wennekes V, Jensen-Dahm C. Quality Assurance in Medical Schools, Moving from Quality Assurance to Quality Improvement Quality Assurance Workshop EMSA/IFMSA, Copenhaga, Dinamarca 6-10 de julho de 2005 versão 4.3. Disponível em: http://wiki.ifmsa.org scome/index.php?title = Quality_Assurance_in_Medical_Schools
Organização das Nações Unidas para a Educação, a Ciência e a Cultura. Paris: 2005. Diretrizes para a oferta de qualidade no ensino superior transfronteiriço.
Grime P, Williams S, Nicholson S. Avaliação pelos estudantes de medicina de uma sessão de ensino em medicina do trabalho: o valor de uma visita ao local de trabalho.Occup Med (Lond). 2006 Mar;56(2):110- 4. Epub 2005 Dec
Steinert Y1, Mann K, Centeno A, Dolmans D, Spencer J, Gelula M, Prideaux DA revisão sistemática das iniciativas de desenvolvimento do corpo docente concebidas para melhorar a eficácia do ensino na educação médica: BEME Guide No. 8.Med Teach. 2006 Sep;28(6):497-526
Masic I1, Dedovic-Halilbegovic G, Novo A, Izetbegovic S Avaliação da qualidade do ensino na Faculdade de Medicina da Universidade de Sarajevo. Med Arh. 2006; 60(6):396-400.
Karle H. Global Standards and Accreditation in Medical Education: A View from the WFME" Supplement on the occasion of the ECFMG 50th Anniversary Invitational Conference "Impact of International Medical Graduates on US and Global Health Care" Acad Med. 2006;81(Suppl):43-8.New Manual for Assessment and Accreditation - For Health Science Institution.
Zuberi RW, Bordage G, Norman GR Validação do instrumento SETOC -- Avaliação do ensino em ambulatório por parte dos estudantes. AdvHealthSciEduc Theory Pract. 2007 Feb;12(1):55-69. Epub 2006 Dez 8
Masic I, Novo A, Deljkovic S, Omerhodzic I, Piralic A. How to assess and improve quality of medical education: lessons learned from Faculty of Medicine in Sarajevo. Bosn J Basic Med Sci. 2007 Feb;7(1):74-8
Van de Ridder JM1, Stokking KM, McGaghie WC, ten Cate OT O que é o feedback no ensino clínico? Med Educ. 2008 Feb;42(2):189-97. doi: 10.1111/j.1365-2923.2007.02973.x.
Kebriaei A, Akbari F. Lacunas na qualidade dos serviços educativos da Universidade de Ciências Médicas de Zahedan, Irão. Bangladesh Med Res Counc Bull. 2008;34(3):76,26-80.
Aghamolaei T, Zare S. Quality gap of educational services in viewpoints of students in Hormozgan University of medical sciences. BMC Med Educ. 2008;8:34. doi: 10.1186/14726920-8-34.
BerkRA.Utilizar o modelo de feedback multi-fontes de 360 graus para avaliar o ensino e o profissionalismo. Med Teach. 2009 Dec;31(12):1073-80. doi 10.3109/ 0142159080257277
Elam P, Scales M, Pearson D As visitas ajudam a melhorar a qualidade do ensino nas práticas de ensino de graduação? Educ Prim Care. 2009 Nov;20(6):429-34.
Brochado A. Comparação de instrumentos alternativos para medir a qualidade do serviço no ensino superior. QualAssur Educ. 2009;17(2):174-90. doi: 10.1108/ 09684880910951381.
Bell L, Neary M, Stevenson H. The future of higher education: policy, pedagogy and the student experience. London: Continuum International Publishing Group; 2009.
Aghamolaei T, Fazel I. Percepções dos estudantes de medicina sobre o ambiente educativo numa universidade iraniana de ciências médicas. BMC Med Educ. 2010;10:87. doi: 10.1186/1472-6920-1087.
Normas Globais da WFME para a Melhoria da Qualidade no Desenvolvimento Profissional Contínuo CPD de Médicos. Atualizado em 2011 Jul 14. Disponível em: http://www.wfme.org/ standards/cpd
Normas Globais da WFME para a Melhoria da Qualidade no Ensino Médico Pós-graduado.

Atualizado em 2011 Jul 14 Disponível em: http://www.wfme.org/ standards/pgme
WFME Global Standards for Quality Improvement in Basic Medical Education BME Atualizado em 13 de setembro de 2011. Disponível em: http://www.wfme.org/standards/ bme.
Promover a excelência: normas para a educação e formação médicas; http://www.gmc-uk.org/education/standards.asp; acedido em 3 de fevereiro de 2016
Medha A. Joshi Garantia de qualidade no ensino médico Indian J Pharmacol. 2012 May-Jun; 44(3): 285-287.doi: 10.4103/0253-7613.96295 PMCID: PMC3371446
VarunKohlif e UpreetDhaliwal*Perceção dos estudantes de medicina sobre o ambiente educacional em uma faculdade de medicina na Índia: um estudo transversal usando o questionário Dundee Ready Education EnvironmentJ EducEval Health Prof. 2013; 10: 5.Publicado online 2013 Jun 30. doi: 10.3352/jeehp.2013.10.5 PMCID: PMC3743137
Ong WM, Nankervis A. Service quality in higher education: As percepções dos estudantes na Austrália e na Malásia. Rev Integr Bus Econ Res. 2012;1(1):277-90
Bahram Nabiloul e Davoud Khorasani-Zavareh2,3,* A ponte entre o real e o ideal: a perceção dos estudantes sobre a diferença de qualidade na realidade e as suas expectativas educativas Iran Red Crescent Med J. Sep 2014; 16(9): e14254.Published online Aug 10, 2014. doi: 10.5812/ircmj.14254 PMCID: PMC4270665
Rahim Khanli M1, Daneshmandi H2, ChoobinehA O ponto de vista dos estudantes sobre a diferença de qualidade nos serviços educativos. J Adv Med Educ Prof. 2014 Jul;2(3):114-9.
Visão 2015 da MCI (2011) [Last cited 2011 Dec 21]. Disponível em: http://www.mciindia.org/tools/announcement/MCI_booklet.pdf .
Tripti K Srivastava, Sandeep Shrivastava, Lalitbhusan S Waghmare, Impacto da política de atendimento na escola médica rural: um estudo observacional de 3 anos Indian Journla of applied research Vl:4,issue 6 june2014 Page59-62, Issn2249-555X
Sandeep Shrivastava, Relevance of "Quality Assurance" in Education Environment" Editorial, Journal of Health Sciences Education Vol 2 No 2

More Books!
yes
I want morebooks!
Buy your books fast and straightforward online - at one of world's fastest growing online book stores! Environmentally sound due to Print-on-Demand technologies.
Buy your books online at
www.morebooks.shop
Compre os seus livros mais rápido e diretamente na internet, em uma das livrarias on-line com o maior crescimento no mundo! Produção que protege o meio ambiente através das tecnologias de impressão sob demanda.
Compre os seus livros on-line em
www.morebooks.shop
info@omniscriptum.com
www.omniscriptum.com
OMNIScriptum

MIX
Papier aus verantwortungsvollen Quellen
Paper from responsible sources
FSC® C105338

Printed by Books on Demand GmbH, Norderstedt / Germany